나는 어떻게 살까

글로 먹고사는 13인의 글쓰기 노하우

나는 어떻게 쓰는가

김영진
안수찬
유희경
정인진
손수진
김중미
최훈
반이정
성귀수
김선정
임범
김진호
듀나

한겨레출판

서문
한 마리, 두 마리, 실마리

써. 써. 쓰다. 쓰라고 하니까 쓰다. 속이 쓰다. 써야 한다. 살기 위해 쓴다. 마음의 둑이 터져 쓴다. 관계 파탄 날까봐 쓴다. 마감 언제야? 안 쓰면 좋겠네. 안 된다. 쓸 바엔 잘 쓰자. 그 칼럼 죽이더라? 기분 좋다. 주절주절 뭘 쓴 거야? 부끄럽다. 글은 무기다. 칼이다. 몽둥이다. 소총이다. 탱크다. 대륙 간 탄도미사일이다. 상대를 제압한다. 자신을 지킨다. 정보 투하한다. 심장 뛰게 한다. 눈물 쏟게 한다. 있어 보이게 한다. 누군가 그랬다. 두 종류, 젤 부럽다고. 글 잘 쓰는 사람. 노래 잘 부르는 사람. 가수는 열외. 좀 쓴다는 사람들. 이 책에 모였다.

  어떻게 써야 하는가. 별로다. 어떻게 쓰는가. 괜찮다. 전자는 권위적이다. 후자는 소탈하다. 있는 그대로다. 나는 어떻게 쓰는가. 너는 어떻게 쓰는가. 그들은 어떻게 쓰는가. 뿌리부터 살피자. 어떻게 살아야 하는가. 별로라니깐. 어떻게 사는가. 김형경이 말했다. 행복한 사람은 안 쓴다. 일기 따위. 당신은 어떻게 사는가. 나는 어떻게 사는가. 톨스토이는 말했다. 행복하면 엇비슷하다. 얘깃거리 없다. 불행하면 제각각이다. 얘깃거리 많다. 이 말, 내 맘대로 바꾼다. 재미없으면 엇비슷하다. 재미있으면 제각각이다. 필자 이름 불러본다. 김영진. 안수찬. 유희경. 정인진. 손수진. 김중미. 최훈. 반이정. 성귀수. 김선정. 임범. 김진호. 듀나. 이들은 어떻게 사는가. 영화평론가. 기자. 시인. 판사. 작가. 카피라이터. 철학자. 목사. 글로 골병드는 직업들. 글쓰기에 묻은 서사. 골병의 서사. 그것부터 보시라.

노하우 빛난다. 테크닉 죽인다. 벤치마킹의 유혹~. 그들. 어떻게 쓰는가. 인상을 파고든다. 끊어 치며 리듬을 탄다. 한 줄에 목숨 건다. 1인 2역 역할극을 한다. 상처받은 아이가 돼 쓴다. 감정의 바다 박박 긁는다. 설명 대신 묘사한다. 익숙한 말, 있다? 없다? 데자뷔 있다. 금시초문도 있다. 강력한 매뉴얼. 따라 해보라. 나중엔 구겨버려라. 휴지통에 던져라. 직접 제작하라. 당신만의 매뉴얼. 그리고 하산하라.

나는 하산 못 했다. 오르지도 못했다. 몇 년인가. 스무 해도 넘었다. 신문사 밥 아깝다. 여전히 두렵다. 소소한 글도 무섭다. 글쓰기가 젤로 싫다. 엄살떤다. 징징댄다. 이 책을 읽었다. 아, 깨달음의 폭풍! 거짓말이다. 뇌가 간지럽긴 하다. 작은 영감의 끈 하나. 그거면 됐다. 그 끈으로 목을 졸라본다. 켁켁. 목에 힘을 준다. 필자 흉내 내본다. 나는 어떻게 쓰는가. 하나만 말해본다. '거창'에 가지 않으리. 그 근처엔 얼씬도 안 하리. 경남 거창군 아니다. 거창한 주제, 거북하다. 거창한 문체, 오글거린다. 거창한 논리, 으악. 체하겠다. 내 주변에서 시작하자. 채식주의자의 위장으로. 낮은 시선으로. 담백한 몸짓으로. 너, 거창하게 인상 쓰지 마. 난 그래.

죗값을 치른다. 아이디어가 죄다. 그래서 서문을 쓴다. '나는 어떻게 쓰는가.' 바로 이 제목이었다. 조지 오웰. 그 사람 때문이다. '나는 왜 쓰는가.' 왜 '왜'만 있나. '어떻게'도 해보자. 어떻게 좀 안 되겠니? 연재를 시작했다. 무대는 인터넷. 한겨레 훅hook.

책으로도 묶자 했다. 누군가는 싫다 했다. 관둬라. 누군가는 오케이. 한겨레출판. 2년 만에 책이 나왔다. 신기하다. 난 실마리만 줬을 뿐. 아니다. 실마리는 위대하다. 바늘을 뚫는다. 실의 뜨거운 첫머리. 변비 환자의 환호성. 그게 풀려야 글이 풀린다. 실마리가 되길 빈다. 이 책이 당신 글에. 글 좀 써보려는 당신 삶에.*

고경태_《한겨레》토요판 에디터·《글쓰기 홈스쿨》저자

---

* 서문은 어떻게 쓰는가. 고민했다. 좀 다르게 써봤다. 십자군 정신으로. 한 문장당 10자 이내.

차례

서문 한 마리, 두 마리, 실마리 _ 고경태   4

솔직하게 영화의 껍질 벗기기 _ **영화평론가 김영진**   11

기자가 몰입한 만큼 독자는 공감한다 _ **기자 안수찬**   31

시 쓰기의 어려움 _ **시인 유희경**   63

판결이라는 글쓰기, 법관의 천형 _ **변호사 정인진**   85

쓰는 것 이전의 발상이 카피의 99% _ **카피라이터 손수진**   103

내 글쓰기의 첫걸음은 세상을 향한 연민이다 _ **동화작가 김중미**   121

대중을 위한 철학글 쓰기 _ **철학자 최훈**   141

진솔한 고백이 해답이다 _ **미술평론가 반이정**   163

번역의 천국과 지옥 _ **번역가 성귀수**   181

시나리오, 결국엔 나를 쓰는 일 _ **시나리오작가 김선정**   193

칼럼의 정수는 남다른 관점이다 _ **칼럼니스트 임범**   211

설교에 대한 하나의 생각 _ **목사 김진호**   233

나는 상상한다. 그리고 쓴다 _ **소설가 듀나**   253

나는 영화평론을 어떻게 쓰는가

솔직하게 영화의 껍질 벗기기
영화평론가 김영진

영화라는 모호한 대상

당신은 어떻게 쓰는가, 라고 누가 묻는다면 마감 때문에 쓴다고 말할 수밖에 없다. 마감을 독촉하는 편집자의 건조한 목소리와 이제 더 이상은 늦출 수 없다고 하는 담당기자의 절박한 호소가 자판을 두드리는 내 손가락에 다급한 영감을 불어넣는 것이다. 공식 매체에 글을 쓰기 시작한 이후, 거의 언제나 나의 글은 주문 생산형이었다. 대학강사로서 평론가란 직함을 달고 글을 쓰던 1993년과 1994년에는 잘리면 안 된다는 생계형 글쟁이의 자세로 청탁이 온다는 것 자체를 행복하게 여기며 성실하게 썼다. 1995년 영화잡지《씨네21》기자로 취직한 뒤에는 마감을 은근히 압박하는 편집장의 굳은 얼굴, 기사들이 제대로 송고되지 않아 팽팽한 긴장감이 감도는 편집국의 열기에 묻혀 글을 썼다. 탱자탱자 놀며 이따 밤새우며 쓰면 되지, 라고 생각하고 있는데 심야에 퇴근하는 편집장이 "김영진 씨, 그 기사 오늘 꼭 되는 거지?"라고 물을 때, 온몸이 오그라들며 머릿속이 하얘지던 느낌은 지금도 생생하다. 신기한 것은 머리가 그렇게 텅 비어 있어도 뭔가 글줄은 나왔다는 것이다. 실마리가 풀리면 20매, 30매의 글은 금방 나왔다.

내가 비록 슬로우스타터이긴 하지만 한번 자판을 두드리기 시작하면 상대를 코너에 몰아넣고 연타를 퍼붓는 인파이터 복서처럼 눈 깜빡할 사이에 원고를 마치는 속기사의 자질을 타고났다고 스스로를 위로하곤 했다. 때로 글이 써지지 않으면 밤 늦게 회사 앞 술집에서 술을 마셨다. 시간은 더 줄어드는데 술은 맛있다. 에라, 모르겠다는 심정으로 계속 마시게 된다. 새벽에 회사에 들어와 어렴풋이 잠들었다가 사무실을 청소하는 아주머니의 부산한 소리에 깨어난다. 그리고 쓰린 속과 아픈 머리를 붙잡고 기사를 쓰는 것이다. 루이스 브뉘엘 작품 〈욕망의 모호한 대상〉의 리뷰를 쓸 때가 기억난다. 이 영화의 마지막 장면에선 나이 든 남자와 그의 젊은 아내가 거리를 걷다가 쇼윈도를 통해 뜨개질하는 여인을 바라본다. 그때 갑자기 그 여인의 이미지가 쪼개지더니 폭발음과 함께 사라진다. 이게 무슨 황당한 상황인가, 관객이 어리둥절해 있는 사이에 영화는 끝이 난다. 잡힐 듯 잡히지 않는 여자에게 집착하는 남자의 여린 욕망과 그런 남자의 욕망을 충족시켜줄 듯 굴다가 달아나는 여자의 불가해한 모습 사이에서 부조리한 유머를 끌어낸 영화의 결말이다. 이 이미지는 명확하게 말해주는 것이 없었다. 그 장면을 언급하며 나는 이렇게 결론지었다.

"루이스 브뉘엘을 만나 그 장면의 의미를 말해달라고 물었어도 그는 아마 씩 웃으며 술이나 한잔하라고 말했을 것이다."

나는 아마 일종의 불가해한 부조리, 퍼즐처럼 맞춰지지 않는 인생의 욕망들, 이런 말을 하고 싶었을 것이다. 그 대신 쓴 것이 저 문장이다. 이게 말이 되는 글인지, 아닌지는 차치하고 그건 그 영화를 본 당시의 내 마음 상태를 반영하고 있다. 여러 지식을 동원해가며 수수께끼 풀 듯이 분석하는 글쓰기를 나는 좋아하지 않는다. 더 파고들어 깊은 걸 건져낼 수도 있겠으나 때로 개념어들은 영화의 정서적 밀도를 깨버리거나 영화의 표면에 이미 풍부하게 있는 살들을 발라낸다. 나는 〈욕망의 모호한 대상〉의 그 마지막 이미지는 굳이 해석하지 않아도 좋다고 생각한다. 다만 그 체험을 표현할 말을 찾아내는 것이 중요할 뿐이다.

'현학'과 '담백' 사이의 리듬으로

물론 내가 처음부터 이런 태도를 가졌던 것은 아니다. 대학원에서 영화를 공부하던 시절만 해도 지식으로 영화를 소화할 수 있다고 믿었다. 뒤늦게 수입된 구조주의 기호학 이후의 유럽 인문학 사조를 황홀하게 대하면서 이 난해하지만 매혹적인 지식의 데이터를 내게 제대로 전해줄 스승은 없을까 안타까워했다. 당시 내가 쓴 글은 멋을 많이 부린 문장에 현학적 치기가 넘쳐났다. 대학원 동기들이나 후배들은 내가 글을 어렵게 쓰지만 그래도 읽고 나면 뭔가 남는 것 같다고 말해줬다. 간혹 청탁이 들어오곤 했는데 매체 담당기자들의 평가는 달랐다. "글이 좋긴 한데 좀 어렵네요." 이런 말은 글이 꼬여 있다는 뜻이다. 난 이런 말을 하는 기자들을 마음속으로 경멸했다. 아, 미개사회의 악몽이여. 그러면서도 그들의 평가를 조금씩 의식하고 있었는지 내 글은 조금씩 쉬워지고 있었다. 그 당시 영화감독 데뷔를 했으나 실패한 뒤 매체 기고로 생계를 이어가던 박찬욱 감독은 내가 어느 시사잡지에 쓴 평론을 읽고는 "글이 갈수록 좋아져. 점점 경쾌해지고."라고 격려해주었다. 나는 "그건 뭐 별 것도 아닌 글인데……"라고 시큰둥하게 대했다. 그는 "넌 그게 문제야."라고 질책했다.

 글에 대한 내 허영이 본격적으로 깨진 것은 《씨네21》에 입사하고부터였다. 당시 조선희 편집장은 평론 투가 남아 있는 내 글을 부수려고 무던히 애를 썼다. 그가 자리를 비운 사이에 내가 쓴 기사를 데스킹하는 그의 컴퓨터를 들여다보면 첫 문장부터 무수히 난도질되어 있었다. 부숴놓기는 했는데 결과가 별로 마음에 들지 않아 난감해하는 편집장의 고충이 그 고치다 만 글들의 잔해에 묻어 있었다. 편집장이 퇴근하면 나는 몰래 그의 데스크탑에 들어가 몇 문장을 슬쩍 원래대로 고쳐놓곤 했다. 그래봐야 기자의 운명은 편집장이 바꾸면 순응해야 하는 것이다. 완강히 저항하던 나의 글쓰기 태도는 1995년 당시 내 옆에서 근무하던 팀장 최보은 선배의 한마디에 깨졌다. 그는 편집장과 동년배 친구였으나 기자 경력이 늦어서 편집장을 선배라고 불렀으며 조직에서는 편집장의 강력한 오른팔이었다. 이를테면 내 적의 오른팔이라고 할 수 있었다. 그런 그가 내 글의 어느 대목을 두고 슬쩍 한마디 지르는 것이었다. "김영진 씨 글을 참 잘 쓰네." 나는 그의 저의를 몰라 그냥 잠자코 듣고만 있었다. "다른 사람들보다 글을 쉽고 솔직하게 쓰는 것 같아. 이를테면 여기 이 문장 있잖아. 아무개 감독은 독립영화계에서 스타 감독으로 떠올랐으나 할리우드로 가서 망했다. 바로 이 '망했다'라는 표현이 좋아. 몰락했다, 부침을 겪었다, 경력에 종말을 고했다, 따위의 말을 쓰지 않고 단순하게 망했다고 하니까 좀 좋아. 한국말은 솔직하고 간결한 거야. 이렇게 쓰는 젊은 사람 보기 드물어."

아, 그는 칭찬을 통해 비판을 하는 사람이었다. 내가 쓴 그 망했다는 표현은 내 글에 일관되게 관통하는 태도의 산물은 아니었다. 나는 여전히 멋있게 쓰고 싶어 하는 허영기를 누르지 못하고 글을 썼는데 그는 내 글의 극히 일부분을 집어내 내가 마치 모든 글을 그렇게 쓰는 것처럼 칭찬을 빌려 비평한 것이었다. 이 일은 내 글쓰기 태도의 이력에 있어서 기원전과 기원후로 나뉘는 것과 같은 변화를 초래했다. 그때부터 나는 쉽고 간결하게 써야 한다는 마음가짐을 몸에 새기고 빠져나가게 하지 않으려 노력했다. 편집장과의 눈에 보이지 않는 이견도 줄어들었다. 때로는 그가 내 기사를 칭찬하는 일까지 생겼다. 내가 그 당시 《씨네21》에서 맡은 일감은 주로 개봉영화의 리뷰와 감독론 성격의 특집 기사, 국내에 잘 소개되지 않은 감독의 작품 세계를 소개하는 '미지의 명감독들'이라는 고정 기사로 집중되었다. 무조건 쉽게 쓰자, 라는 태도는 적지 않은 반향을 일으켜 밖에 나가면 글 잘 보고 있다는 격려성 인사를 곧잘 받곤 했다.

글 쓰는 태도가 몸에 붙자 그것은 저절로 자연발생적인 리듬을 만들어내어 때로는 극단적으로 시간이 없는 가운데서도 곧잘 (스스로 생각하기에) 만족스러운 기사를 써내곤 했다. 1999년 여름, 개봉을 앞둔 이명세 감독의 〈인정사정 볼 것 없다〉의 리뷰를 쓰기 위해 나는 금요일 새벽 0시에 열리는 기술시사에 제작진의 사전 양해를 얻어 참석했다. 영화가 끝난 직후 이명세 감독과 간단한 인터뷰를 30여 분 나누고 회사로 들어와 새벽 세시 반부터 약 한 시간 동안 리뷰와 인터뷰를 작성했다. 여기 그 기사의 몇 부분을 소개한다. 영화의 특징을 요약하고 유난히 현학적이지 않으면서도 이명세의 스타일을 상찬하는 문장으로 뒤범벅이 돼 있는데 (내 생각에는) 그럴 듯하다.

우산이 갈라지고, 빗물은 핏물이 되고, 우수에 찬 정조는 서늘한 살의의 에너지로 바뀐다. 살인 현장에서 세상의 스산한 공기와 낭만과 삶의 피로와 분주함을 동시에 잡아내는 이 기이한 스타일리스트는 누구일까. 이명세 감독이다.

[……] 이명세는 화면에 등장하는 모든 것에 생명을 불어넣는 스타일리스트이다. 화면에는 수시로 비가 오고 눈이 내리며 그것은 화면에 변화무쌍한 정서적 때깔을 입힌다. 정광석과 송행기가 나눠 찍은(정광석은 눈 수술 때문에 이 영화의 촬영을 마무리하지 못했다) 화면은 카메라가 아니라 붓으로 그린, 점과 면으로 된 캔버스를 보는 것 같은 착각을 일으킨다. 깡패처럼 건들거리며 헤헤거리지만 목표를 향해 무섭게 돌진하는 우 형사 역의 박중훈이나 조용하지만 강한 카리스마를 지닌 우 형사의 맞수, 장성민 역의 안성기는 모두 저마다 지쳐 있지만 삶에 지지 않으려는 결기로 섬뜩한 눈빛을 뿜어낸다.

이명세는 그의 영화 경력에서 처음으로 들어간 남성적인 세계, 환상이 없는 세계, 현실의 육질만 있는 세계에서 만족할 만한 중간 기착지를 찾아냈다. 그는 "현실이야말로 가장 초현실적이고 우스꽝스럽다"고 말했다. 이때까지의 이명세는 곧잘 영화에 환상을 도입하는 몽상가처럼 보였지만 이번에는 현실의 디테일을 극한까지 파고들면서 현실을 마치 꿈처럼, 환상처럼 보여준다. 그것이야말로 이 못 말리는 스타일리스트가 가장 행복하게 현실과 만나는 방법이 아니었을까. '이명세의 나라'는 현미경으로 구체적인 현실의 질감을 펼쳐 보여주는, 마이크로 코스모스의 세계다.

— 〈이명세감독론〉, 《씨네21》 제212호

인용해놓고 보니 꽤 멋을 부린 문장이라는 생각이 들기도 하지만 영화잡지에서 용인될 수 있는 수준이었을 것이다. 나는 이런 유형의 기사로 영화계에서는 꽤 이름을 얻었다. 이것으로 직장에서 밥을 벌어 먹고사는 내 공식 경력 1장은 비교적 성공적으로 안착한 셈이었다.

러프 컷, 혼란으로 시작된 영화평론

1999년 말 나는 《씨네21》을 퇴사한 뒤 대학원 박사 과정에 등록했고 이듬해에 《필름2.0》이라는 회사에 취직했다. 벤처 붐이 일어나면서 인터넷 관련 회사에 돈이 몰리던 시절이었고 《필름2.0》은 온라인 영화 매체를 표방하고 막 시작하는 매체였다. 내가 그 회사에 취직할 때 내세운 조건은 편집장을 절대 맡지 않으며 쓰고 싶은 평만 쓰겠다는, 다소 강짜에 가까운 것이었는데도 시절이 좋았기 때문인지 다 받아들여졌다. 출퇴근이 비교적 자유로우면서 월급은 이전 직장의 두 배를 받는 행복한 시절이었다. 1년도 넘지 않아 회사 경영이 어려워지면서 6년 뒤 정식 퇴사할 때까지 월급을 체불당하는 일이 종종 있었으나, 여하튼 글을 자유롭게 쓸 수 있던 시절이었다. 그곳에선 아무도 내 글을 데스킹하지 않았다. 내 글은 내가 끝까지 책임져야 했다. 처음엔 그게 매우 어색했다. 5년여 동안 《씨네21》에서 익숙했던, 내가 기사를 쓰고 데스크에서 수정하는 제작 관행이 과거의 일이 되었다. 잘 쓰고 있는 것인지 확신이 들지 않아 후배 기자들에게 부지런히 반응을 묻곤 했으나 대다수는 자기 일에 바빠서, "재밌네요." "잘 모르겠는데요."라는 성의 없는 대답을 하기 일쑤였다.

학업과 일을 병행하느라, 또 30대 중반의 혈기를 감당하지 못해 더 잦아진 술자리의 피로를 견디느라 몽롱한 컨디션에도 불구하고, 이 시기 나는 기자로서 쓰는 글쓰기 리듬을 바꾸기 위해 무던히 애를 썼다. 그때 내가 내린 결론은 어차피 나는 문장가가 아니므로 하나의 실마리만 잡으면 떠오르는 대로 쓰자는 것이었다. 솔직하고 간결하게 쓰려고 하는 원칙에는 변함이 없으나 위의 〈인정사정 볼 것 없다〉의 예에서 알 수 있듯이 나는 적당히 물이 오른, 간결한 척하는 멋 부린 문장을 구사하고 있었다. 좀 더 무뚝뚝하고 수사가 적은 문장을 쓰자고 생각했다. 이 결론에 도달하고 나름대로 체화시키기까진 3년의 시간이 필요했다. 그때까지 나는 여전히 기사도 아니고 평론도 아닌 애매한 형태의 글을 쓰고 있었다. 그때 편집장이었고 지금은 고인이 된 이지훈 씨가 제안한 '러프 컷'이라는 기명 칼럼은 나에게 탈출구를 제공했다. 에세이 형태로 '나는'으로 시작하는 문장을 거리낌 없이 쓸 수 있었다. 이것은 내가 쓴 평론이고 내가 생각한 것이며 내가 느낀 것이라는 태도로 텅 빈 모니터 화면을 대했다.

〈친절한 금자씨〉를 봤을 때 나는 박찬욱의 영화 가운데 가장 매혹되었으면서도 도대체 그 영화의 정체를 어떻게 파악해야 할지 몰라 당황했다. 영화 평을 쓸 때 어떤 문장으로 시작하느냐는 매우 중요하다. 이 영화에 대한 평은 이렇게 시작한다. "〈친절한 금자씨〉를 보고 나자 한 명의 관객으로서 감정이 혼란스러웠다. 도대체 이것이 무엇인가, 라는 생각이 들었던 것이다. 박찬욱은 어떤 분류로도 묶이지 않는 영화를 만든다." 그리고 박찬욱의 족보 없어 보이는 서사와 스타일에 대한 부연 설명이 들어간 다음, 이어지는 문단에서 영화를 조금 더 파고들었다.

이 영화에서 복수는 예정돼 있고 금자도 승리하게 돼 있다. 따라서 이야기는 대결 구도가 되지 않으며, 복수의 대결 과정보다는 복수의 본질 그 자체가 질문거리로 떠오른다. 복수 과정이 중요한 게 아니라 복수의 실행이 안겨주는 쾌감이 과연 무엇인지 질문하며 그게 실은 그렇게 즐거운 일이 아니라는 걸 보여주는 것이다. 당연히 클라이맥스는 일종의 안티클라이맥스로 치닫고, 상승하는 게 아니라 거꾸로 가라앉는 감정을 관객으로 하여금 경험하게 만든다.

[……] 바로 이것, 어떤 목표 지점을 향해 가는 듯하다가 막상 다 와서는

왜 굳이 여길 와야 하는가라고 묻는 것이 이 영화의 유머이자 주제다. 이는 대다수 상업영화와는 반대되는 태도의 결과물이다. [……] 대결 구도가 될 것이라고 예측했던 복수담의 김을 빼고, 영웅의 활약을 볼 거라고 예상했던 여주인공의 모습에서 다양한 측면을 잡아내면서 인생사의 복잡다단한 본질, 사적인 복수를 국가라는 기구가 대신 집행하게 된 오늘날의 삶에 필요한 윤리의 본질이 무엇인지를 묻는다. 단, 농담처럼 묻는다.

[……] 악인을 처벌하는 대신, 악인을 처벌하는 우리의 자격을 묻는 듯이 보이는 이것을 정치적으로 냉소적인 시점이라고 비판하는 것은 쉽다. 또한 박찬욱이 너무 일찍 탈서사의 모험에 뛰어들어 구체적인 현실 대신 추상적인 회화 비슷한 것을 만들어내고 있다고 볼 수도 있다. [……] 그는 〈복수는 나의 것〉에서 자본가와 노동자의 이분적 대립 구도로는 풀어낼 수 없는 우리 사회의 분노와 절망을 시각화했다. 〈올드보이〉에선 운명적 고리에 매달린 두 남자의 불우를 얘기하면서 동시에 근친상간을 통한 가족의 파멸이라는 금기시된 소재를 스펙타클화했다. 〈친절한 금자씨〉에선 우리가 누구나 악이라고 여기는 존재에 대해 섣불리 단죄도, 청산도, 용서도 하지 못한 이 시대의 불우를 스크린에 옮기고 있다.

[……] 그 다음엔 순수 영화의 즐거움이 남는다. 이를테면, 금자가 손수 만든 케이크를 들고 귀가하는 영화 속 한 장면의 육중한 질감은 동시대의 한국영화에선 보기 힘든 것이다. 그 장면 직전에 어떤 불길한 일이 일어날지도 모른다는 암시를 준 뒤에 금자가 귀가하는 모습은 왠지 모르게 불안한 분위기를 풍긴다. 그렇지만 화면 배경에는 눈이 소복소복 내리고 있다. 공포영화적인 설정에 매우 시적인 화면이 꾸며지면서 무서우면서도 동시에 시

정이 넘치는 정서를 자아내는데, 그때 금자를 연모하는 연하의 남자가 금자를 따라오며 가볍게 흥얼거리듯 노래를 부른다. 빨간 구두를 신고 또각또각 소리를 내며 걷는 금자의 뒤에서 남자는 남일해의 흘러간 유행가 '빨간 구두 아가씨'를 부른다. 불길함을 쾌하게 제시하는 이 장면의 톤은 언어화할 수 없는 금자의 삶, 또 그녀와 비슷한 운명에 처한 이 시대 사람들의 삶에 대한 아름다운 농담 같은 것이다. 그녀는 걷는다. 눈 오는 길을, 구두 소리를 내며, 뒤돌아보지 않고 걷는다. 손에는 자신이 손수 만든 케이크를 들고. 그녀는 그것을 그녀의 딸과 함께 먹을 것이다. 딸은 골목길에서 금자를 기다리고 있고, 두 모녀는 이윽고 만난다. 그리고 케이크를 먹는다.

[……] 그 이미지들의 곳곳에서, 우리는 이 시대를 살며 불우하다고 느끼는 자신의 어떤 감정의 순수한 결정체 같은 것을 발견하게 된다. 이영애가 연기하는 금자의 숱한 표정 변화에서, 그녀를 지나치는 주변 인물들의 간략한 캐리커처에서, 금자가 직접 주관하는 복수의 의식에서, 무엇보다 특정 상황에 처한 인간들의 숱한 반응 화면 클로즈업에서, 분노와 좌절과 절망을 오가는 이 시대의 공기를 증류해서 포착한 추상적인 감정을 맛볼 수가 있는 것이다. 요즘 한국 사회에서 절대 선과 절대 악의 이분법은 무너졌다. 여전히 대립하는 목소리는 있지만 과거와 같은 선명한 대립각은 잡히지 않는다. 그 과정에서 세상이 제대로 변하고 있는 것은 아니라는 현실에 대한 환멸만이 증폭되고 있다. [……] 〈친절한 금자씨〉는 스스로 가늠해도 헤어날 길 없는 윤리의 미로에 갇힌 인간들에게 바치는 일종의 헌사다. 굳이 아부하지는 않은 채, 도덕적으로 애매모호하고 해소할 수 없는 절망에 빠진 이 시대 대중들에게 격하지 않은 어조로 잠시 자신을 응시하는 시선을 가져볼 것을 권

하는 영화다. 그 과정 끝에 눈물이 나지는 않지만 조용히 가슴 한 편이 먹먹해지는 슬픔을 느끼게 된다. 박찬욱의 모험은 큰 도덕이 아닌 작은 도덕을 파고들고, 환유의 추상화 솜씨로 이 시대의 정서를 포착했다. 이것이 이 영화를 보고 찜찜해졌던 이유이며 거듭 따져보니 긍정하게 된 슬픔이었다.

—〈〈친절한 금자씨〉의 슬픔에 대하여〉, 《필름2.0》 제243호

원인과 결과의 명확한 서사 고리가 사라진 공간에서 인공적 아름다움을 연출한 박찬욱의 스타일에 대해 호의적으로 접근한 이 글은 말로 잘 잡히지 않는 이미지의 물질성에 대해 지면이 허락하는 선에서 열심히 묘사해보려 애쓴다. 동시에 그게 단순한 치장이 아니라 어떤 윤리적 태도의 반영은 아닐까라고 조심스레 긍정한다. 그해 가을 부산국제영화제가 열리는 동안에 어느 술집에서 우연히 조우한 배우 오광록 씨는 술에 취해 비틀거리면서도 이 글에 대해 더듬거리며 품평했다. "당신 그 평론, 첫 문장이 죽였어. 이게 도대체 뭔가? 나도 그렇게 생각했거든. 그 다음도 괜찮았어. 다 말이 되던데 그래." 부디 그의 칭찬이 술에 취해 한 방언이 아니었기를 바랄 뿐이다.

인상을 파고들다

특정 영화에서 어떤 핵심적인 장면이 인상적으로 뇌리에 박히면 글을 쓰기는 상대적으로 쉽다. 그렇지 않을 경우, 흔히 말해 명장

면이 없는 영화일 경우에도 전체적으로 떠오르는 핵심적인 인상이 있으면 쓰기 쉽다. 둘 다 아니면 쓰기가 무척 어려운데 다행히 이제 대학강사인 나는 굳이 나를 친구로 원하지 않는 그런 영화에 대해 쓰지 않아도 되는 상황이다. 앞서 말한 특정 장면이 뇌리에 꽂힌 경우로 허우샤오시엔의 〈카페 뤼미에르〉가 생각난다. 이 영화는 일본의 거장 오즈 야스지로의 탄생 100주년을 기념해 일본과 대만 합작으로 만들어진 작품인데 많은 이들이 왜 이 영화가 오즈의 영화를 기리며 만들어진 것인지 이해할 수 없다는 반응을 보였다. 물론 허우샤오시엔과 오즈 야스지로의 스타일은 전혀 다르다. 〈카페 뤼미에르〉는 자기 스타일로 오즈 야스지로에게 존경을 바친 허우샤오시엔의 영화다. 나는 그걸 이 영화에 나오는 밥 먹는 장면에서 찾았다.

오즈가 영화를 만들던 시대와 달리 요즘 시대에 과년한 처녀가 시집가는 문제는 더 이상 절체절명의 고민거리가 아니다. 부모가 원하더라도 자식이 원하지 않으면 그만이다. 자식 세대가 부모만큼 예민하게 결혼을 생각하고 있지 않은 것이다. 〈카페 뤼미에르〉의 여주인공 요코는 대만 애인과의 사이에서 아이를 임신했는데 그와는 결혼할 생각이 없다. 미혼인 딸이 임신한 것도 경악스러운데 애 아빠와 결혼할 생각이 없다니 그의 부모는 망연자실하다. 벌이가 신통치 않은 작가인 요코는 일본인 청년 하지메와 친하게 지내는데, 그는 고서점 주인으로 전철 소리에 빠져 틈만 나면 소리를 채집하러 다닌다. 그렇다고 둘 사이에 특별한 연애

감정이 발생하는 것도 아니다. 이 영화는 요코의 남자 관계와 부모와의 관계를 담백하게 보여주며 별다른 굴곡 없이 이야기를 전개시킨다.

내가 이 영화에서 끌린 것은 두 장면이다.

요코가 몸살에 걸려 누워 있을 때 그녀를 간호해주던 하지메는 자신의 컴퓨터에 입력된, 층층이 겹쳐진 전철과 그 전철 안에 아이가 그려진 그림을 보여준다. 요코는 그 그림에 탄복한다. 이것이 이들 새로운 세대에게 매혹을 주는 세상의 개념인 것이다. 마치 자궁 속에 있는 듯이 전철 안에 편안하게 웅크리고 있는 아이의 모습은 바깥세상의 기계화된 질서의 숨소리에 민감하게 반응하는 그들 세대의 익명적 정체성과 밀접하게 연관돼 있는 것이다.

오즈 야스지로의 시대에는, 딸을 시집보내기 위해 노심초사하는 아버지의 생활을 찍는 것만으로도 족했다. 그러나 세상은 바뀌었다. 오즈 야스지로가 일일 드라마 같은 내용의 줄거리 흐름 사이에 문득 끼워 넣은 도심 곳곳의 풍경이나 가정의 소품을 찍은 화면만으로도 조금씩 변해가는 세상의 흐름을 담아낼 수 있었다면 허우샤오시엔에게 그런 호흡으로 이 젊은이들의 삶을 찍는 것은 불가능하다. 대신, 그는 요코와 하지메가 지내는 일상, 그들이 좋아하는 일을 위해 이곳저곳 찾아다니며 자료를 찾고 소리를 채집하는 그 모습을 찍는다. 그 채집의 와중에 찻집에 들러 차 한잔 마시며 잠시 쉬는 그들의 휴식 같은 기분을 찍는다. 아마도 요코의 부모 세대와 같은 입장이었을 허우샤오시엔 감독에게는 이것이 영화 속 주인공의 삶을 찍는 최선의 방법이었을 것이다.

이것과 더불어 내가 끌린 것은 여주인공이 뭔가를 먹는 장면이다. 다시 인용해보겠다.

[……] 〈카페 뤼미에르〉에서 역시 가장 심금을 울리는 장면은 등장인물들이 뭔가를 먹는 장면이다. [……] 영화의 초반, 오랜만에 고향 집에 온 요코는 식구들과 함께 밥을 먹지 않는다. 피곤해서 곯아떨어진 그녀는 밤 늦게 일어나서 어머니가 지켜보는 가운데 혼자 밥을 먹는다. 그때 그녀는 마치 다른 사람의 일을 얘기하듯이 무심하게 자신의 임신 사실을 알린다. 요코의 어머니는 다소 놀라지만 요코는 아랑곳하지 않는다. 요코의 어머니는 아버지에게 그 사실을 알리고 뭔가 딸에게 충고를 하라고 다그치지만 아버지는 꿀 먹은 벙어리처럼 묵묵부답이다. 그는 딸을 사랑하지만 딸의 인생에 어떻게 개입해야 할지를 모른다. 나중에 요코의 부모는 딸에게 뭔가 말을 할 작정으로 도쿄에 있는 요코의 집을 방문하기로 결심한다. 그런 부모의 결정을 들은 요코가 처음 하는 말은 '니쿠자가'를 먹고 싶다는 것이다. 쇠고기와 감자로 만든 이 음식을 어머니가 정성스레 싸왔을 때 요코는 맛있게 먹는다. 요코의 좁은 집 방 안에서 이들 세 식구는 어색한 침묵을 견디며 음식을 먹고 있다. 딸의 장래를 염려하면서 그녀의 부모가 해줄 수 있는 것은 함께 밥을 먹는 것뿐이다. 이 장면에선 어떤 의미심장한 대사도 오가지 않지만 그런데도 그들의 마음은 전해지는 것이다.

[……] 배달 온 초밥 값을 내는 것도 부담스러울 만큼 변변치 않은 경제적 형편을 지닌 딸이, 이웃집에게 간장 같은 것도 꿔가면서 사는 딸이, 특별한 직업도 친구도 없어 보이는 딸이 혼자 아이를 키우겠다는데 그들이 해줄

수 있는 것은 딸이 사는 집에 들러 물 한 잔 얻어 마시면서 싸온 반찬을 놓고 밥을 먹는 것뿐이다. 오즈의 영화에서 흔히 볼 수 있었던 것처럼, 다다미방에서 무릎을 꿇고 앉은 상태에서 바라보는 시선의 높이로, 좁은 방 내부에서 고정된 카메라로 응시하는 이들 가족의 밥 먹는 정경은 다른 첨언이 필요 없는 감동을 준다. 허우샤오시엔 감독은 일상의 흘러가는 순간에 특권적 강세를 찍고 아름다움을 보여주는 오즈 야스지로의 정신을 또 다른 차원에서 자기만의 방식으로 승화시킨다. 구질구질해 보이는 생활을 외면하지 않고 정면으로 찍는 것에서 아름다움을 보는 이것이야말로 영화가 가닿을 수 있는 가장 깊은 감정을 건드린다. 〈카페 뤼미에르〉를 보면 오즈 야스지로의 영화가 다시 보고 싶어진다. 아울러 허우샤오시엔의 이전 영화들도 함께 보고 싶어진다. 그야말로 지나간 좋은 것에서 새로운 좋은 것을 뽑아낸 모범적인 사례라고 할 수 있을 것이다.

—〈〈카페 뤼미에르〉, 먹는다는 것〉,《필름2.0》제255호

멋 부리지 않고 간명하게 글쓰기

이제 마무리를 지을 때가 되었다. 멋 부리지 말고 간명하게 쓰자는 것은 내 글쓰기의 기본 태도이다. 물론 (지금 써놓고 다시 한번 느끼는 것이지만) 그런 내 태도는 글을 과시적으로 쓰는 내 허영기로 번번이 변절된다. 나도 모르게 겉멋에 취해 자판 두들기는 속도가 붙으면서 막 튀어나온 수사적인 문장 부스러기들이 덕지덕지 붙어 있는 것이다. 그럼에도 불구하고 나는 여전히 솔직하고 명

확하게 쓰자는 원칙적 태도만은 잊지 않으려 한다. 또한 평론가로서 작품을 대할 때 나는 작품의 표면에서 얻은 인상의 실마리를 될 수 있으면 끈질기게 파고들어 뭔가 덩어리로 만들어내려 한다. 내가 갖고 있는 알량한 지식으로 작품을 재단하지 않고, 미리 심층을 설정해놓지 않고 표층을 부단히 복기하면서 어떤 덩어리를 만들어내려는 노력, 비단 논리의 덩어리뿐만 아니라 감성의 덩어리도 끌어안는 것이 내 바람이다. 이는 일본의 문예비평가 하스미 시게히코의 《오즈 야스지로》라는 책을 읽으면서 더 확고해진 생각인데, 이를테면 오즈의 영화에서 계단을 올라가는 이미지들만을 모아 생각을 개진하는 것을 보고 깊은 감명을 받았다. 내가 무의식적으로 지향하려고 했던 태도를 그는 이미 오래 전에 하나의 체계로 만들어놓고 있었던 것이다.

써놓고 보니 역시 허망하다. 말로 뭔가를 붙잡으려는 시도에 형편없이 실패하는 주제에 애초에 이 청탁을 받아들인 것부터가 재앙이다. 하지만 이런 좌절과 사소한 성공의 데이터를 셀 수 없이 내 컴퓨터에 문서 파일로 저장해놓고 있는 것을 보면 내가 글 쓰는 사람이었고 지금도 글 쓰는 사람이라는 정체성만은 부인할 수 없다. 그 문서들은 내가 특정 영화의 특정 장면들에서 자극받아 하나의 전체를 그려보려고 했던 주제넘은 시도의 흔적들로 가득하다. 당분간 이 작업을 멈추게 될 것 같지는 않다. 마감의 독촉은 저승사자의 전갈처럼 여전히 불편하지만 이미 거기에 중독돼버려 마감 없는 인생은 상상할 수 없는 지경에 이르렀기 때문이다. 이것이 내 글쓰기 경력의 2장이다. 아마도 3장은 마감의 압박이 없어도 스스로 쓰고 싶은 글을 쓰는 단계일 것이다. 그런 날이 올지 스스로 자문하고 있긴 하지만.

나는 기사를 어떻게 쓰는가

기자가 몰입한 만큼 독자는 공감한다
기자 안수찬

글을 지탱하는 자아

글은 자아의 노출이다. 그것도 불특정 다수 앞에 발가벗겨지는 일이다. 그래서 사람들은 글쓰기가 두렵다. 글에 담긴 자신을 누군가 폄훼할까 두렵다. 어떤 글도 독자를 한정하거나 특정할 수 없다. 누가 읽을지 알 수 없고 의도할 수도 없으므로 글쓰기는 때로 위험천만한 모험이 된다. 불특정 독자가 나(의 글)를 간단히 오해할 것이다. 두려운 나머지 사람들은 가장 은밀한 일기를 쓸 때조차 미래의 독자를 의식한다. 글은 어떤 경우에도 '개인적'이지 않다.

    동시에 사람들은 글쓰기를 갈망한다. 그것은 불멸에 대한 동경이다. 삶은 찰나의 시공간에 붙잡혀 있지만 글은 그 올가미를 벗어버릴 수 있다. 글은 소통의 경계를 붕괴시킨다. 나를 모르는 사람에게 내가 죽고 난 다음까지 나를 알릴 것이다. 글은 기본적으로 내가 주도하는 미디어다. 글 쓰는 이가 글 읽는 이를 지배한다. 글을 잘 쓴다는 것은 자아를 거리낌 없이 펼쳐 보일 광대한 영지를 갖는 일이다. 이 영토 안에서 나는 자유롭고, 그 땅에서 나는 세계의 주인이다. 글에 비하자면 말은 덧없다. 기껏해야 가족, 연인, 동료에게 나를 표현할 뿐이다. 매스미디어를 장악한 웅변가가 아니라면, 뭇 사람의 말은 공중에 흩어져 자취조차 남지 않는다.(실은 웅변조차 글로 옮겨야 '역사'가 된다.) 글은 불멸의 미디어이므로, 사람들은 찰나의 삶을 글에 담으려 안달한다.

    서로 충돌하는 공포와 열망을 잘 조절하면 좋은 글을 쓸 수 있다. 글쓰기는 자아 노출의 공포와 열망 사이에서 줄타기하는 일이다. 글을 지탱하는 것은 그래서 문장이 아니다. 그 속에 담긴 자아가 글의 정수다. 글은 '나'의 문제다. 김구의《백범일지》, 함석헌의《씨알에게 보내는 편지》등이 훌륭한 것은 그 문장과 별 상관이 없다. 그들은 문장 연습을 거듭한 문필가도 아니다. 그들의 자아가 훌륭하므로, 자아를 그대로 드러낸 그들의 글도 훌륭하다.

여기에 이르러 좋은 글을 쓰는 방법이 분명해진다. 글에 담기는 자아를 훌륭하게 갈고 닦으면 된다. 우선 10년쯤 면벽참선하며 수양하자. 그 다음 10년쯤 수만 권의 장서를 독파해 교양을 쌓자. 나머지 10년쯤 여러 직업을 거치며 연륜을 얻자. 그렇게 30년을 고행한다면 어지간한 자아에서도 향기가 날 것이며, 그 향기가 밴 글도 읽어볼 만할 것이다. 물론 이 방법의 치명적 약점이 있다. 시간이 너무 많이 걸린다. 언제쯤 고행이 끝날지 정확히 기약하기도 어렵다.

글쓰기는 자아와 타자가 섞이고 스미는 일

인내가 부족한 이들을 위한 지름길이 있다. 게다가 그 길의 초입을 대부분 겪어봤다. 자아 대신 타자에 주목하는 방식이다. 자아와 대면하는 일은 누구에게나 쉽지 않다. 반면 타자를 살피는 일은 당장 시작할 수 있다. 자아를 노출하는 일에 비해 두려움과 창피함이 덜하다. '남'의 문제를 응시하면 어마어마한 고행을 건너뛰어 글쓰기를 시작할 수 있다.

'남'의 문제가 제 삶에 왈칵 달려드는 때를 사람들은 간간이 겪는다. 누군가를 간절히 사랑할 때, 어쩔 수 없이 떠나보낼 때, 누군가 자신을 해코지할 때, 한없이 증오할 때, 사람들은 가슴이 저리거나 치가 떨리거나 심장이 북받친다. 바로 그때, 사람들은 사무치게 글이 쓰고 싶어진다. 살면서 누구나 한두 번쯤 겪는 그런 밤이면 명치에서 토악질처럼 글이 솟구쳐 오른다.

뭇 사람들은 이런 일을 평생 몇 번만 겪는다. 글을 잘 쓰는 사람은 이런 일을 거의 매일 겪는다. 그들은 세상의 모든 것과 사랑하고 실연하며, 투쟁하고 갈등한다. 타자로 인해 자아가 매일 뒤흔들린다. 그들은 매일 토악질하며 글을 쓴다. 이 대목에 이르러 글은 '자아'를 넘어서는 '타자'의 문제다. 글쓰기는 타자에 대한 감응의 표현이다. 좋은 글을 쓰려면 삼라만상을 향한 감성의 더듬이를 벼려야 한다. 주변의 이웃, 그들을 엮는 관계에 민감하게 감응해야 글을 쓸 수 있다.

세상 모든 길은 서로 만난다. 자아를 성찰하는 길과 타자에 감응하는 길은 어느 경지에 이르러 서로 섞이고 스민다. 둘의 팽팽하고도 적절한 긴장 가운데서 글이 탄생한다. 공교롭게도 저널리즘은 정확히 그런 글을 지향한다. 문학의 글(소설), 과학의 글(논문), 일상의 글(일기) 등과 비교된다. 모든 글은 자아와 타자가 교감한 결과지만 소설, 논문, 일기 등에서 자아는 종종 타자를 압도한다. 저널리즘의 글, 즉 기사에서는 균형추가 반대로 기운다.

기사에는 자아가 (적어도 노골적으로는) 등장하지 않는다. 오직 타자, 관계, 공공이 기사의 주어가 된다. 기사를 쓰면 더 깊이 더 자주 타자를 응시할 수 있다. 삼라만상에 감응하는 더 예민한 더듬이를 가질 수 있다. 그렇다고 기사에서 자아 노출이 배제되는 것은 아니다. 독자는 (본능적으로) 공공의 문제 뒤에 숨은 자아(기자)를 알아차리고, 그 인격을 향해 돌을 던지거나 꽃을 뿌린다. 타자를 응시하는 기사는 소설, 논문, 일기보다 더 광활한 광장에 필자를 노출시킨다. 기사는 자아와 타자가 서로 섞이고 스미는 전형적 글쓰기다.

이 글에서 나는 기사 쓰기를 빌려 글쓰기를 설명할 것이다. 자아와 타자가 어떻게 교감하고 충돌했는지 보여줄 것이다. 타자를 통해 어떻게 자아를 노출했는지도 이야기할 것이다. 기사는 기자의 전유물이 아니라, 글 쓰는 모든 이가 즐겁게 뛰어들 수 있는 하나의 장르다. 직업이 기자건 아니건, 글쓰기의 공포와 열망을 갖춘 사람 누구에게나 작은 영감이 될 수 있길 바란다. 2008~2011년 시사주간지《한겨레21》에 실렸던 기사를 주로 인용하겠다. 훗날 돌이켜 반드시 창피해질 글이지만, 지금으로선 내가 가닿은 최신의 지평이다.

끊어 치면서 리듬을 탄다

지금 하얀 모니터에 검은 커서가 깜빡인다. 뭘 써야 할지 막막하다. 빗쟁이처럼 아우성치는 커서를 오른쪽 끝으로, 저 아래로 밀어붙여야 글이 된다. 그 압박은 누군가를 밤새게 만들고 누군가를 술 마시게 한다. 그래도 돌아앉으면 또 커서의 압박이다. 지금 이 글을 쓰는 순간도 마찬가지다. 이럴 때, 나는 중얼거린다. "끊어 치자." 이 하나로 글쓰기의 거의 모든 것을 해결할 수 있다.

끊어 치기는 글쓰기의 배터리다. 끊어 쳐야 글의 시동이 걸린다. 문장을 끊어 치는 것은 글쓰기의 출발이다. '주어-목적어-서술어'의 기본 단위로 하나의 문장을 끝내야 한다. 수학의 '소인수분해'처럼 더 이상 줄일 수 없을 때까지 모든 문장을 단문으로 줄이는 것이다. 짧고 간결한 문장을 쓰자는 이야기인데, 그렇게만 알고 있어선 짧은 문장을 쓸 수 없다. 모든 문장은 구질구질해지기 마련이다. 그러니 기어코 애를 써서 '끊어 쳐내는' 호흡으로 써야 한다.

끊어 치기는 만병통치약이다. 감동적인 연애편지를 쓰고 싶은가. 끊어 쳐라. 괜찮은 소설을 쓰고 싶은가. 끊어 쳐라. 사람들의 뇌리에 기억될 기사를 쓰고 싶은가. 당연히 끊어 쳐라. 처음부터 제가 쓴 글을 끊어 치는 건 쉽지 않다. 제 글을 끊어 치면, 오장육부를 잘라내는 듯 고통스럽다. 이럴 때 남이 쓴 글을 끊어 치면 도움이 된다. 싹둑싹둑 썰고 끊고 후려칠 수 있다. 문맥에 신경 쓰지 말고 기계적으로 끊어 쳐도 된다. 단 한 번이라도 끊어 치고 나면, 내용과 상관없이 모든 글이 그럴듯해 보이는 놀라운 경험을 할 수 있다.

이쯤에서 반박하고 싶을 것이다. 세상에는 유장하고 화려한 문장으로 좋은 글을 쓰는 사람들이 있다. 왜 그들의 길을 따르면 안 되는가? 답은 간단하다. 그들은 '훌륭한 자아'를 갖춘 사람들이다. 그들은 뭘 어떻게 써도 좋은 향기를 담아낼 수 있는 사람들이다. 고매한 자아를 갖추지 못했다는 사실을 스스로 인정한다면, 무조건 끊어 쳐라. 간단하고 빠르게 좋은 글을 쓰는 방법이다.

문장을 끊어 치지 않으면, 손가락이 글을 지배한다. 커서의 압박에 시달리다보면, 손이 가는 대로 글을 쓰는 일이 생긴다. 손가락이 글을 지배하면 문장이 길어진다. 일단 길어진 문장은 제 관성으로 더 장황한 글을 만든다. 장황한 글에서 생각과 느낌은 흩어지고 희미해진다. 결국 나의 글은 내 뜻과 상관없이 산으로 가버린다.

문장을 끊어 치면, 손가락 대신 생각과 마음이 글을 끌고 간다. 끊어 치면, 자아의 느낌과 생각에 더 집중할 수 있다. 애초 느끼고 뜻했던 바대로 문장을 배치하고 글을 이어갈 수 있다. 끊어 치면, 독자는 필자의 세계에 보다 쉽게 몰입한다. 긴 문장은 독자의 시선과 호흡을 방해한다. 긴 문장을 따라가다 중도에 읽기를 포기한다. 유장하지만 읽히지 않는 글과 담백하여 잘 읽히는 글 가운데 어느 것이 훌륭한 글이겠는가.

문장을 끊어 치면, 리듬을 발견할 수 있다. 글을 잘 쓰는 사람들은 고유의 리듬을 갖고 있다. 글만 읽어봐도 필자가 누군지 알아차리는 일이 그래서 가능하다. 세상 모든 이에겐 문장의 리듬이 내장되어 있다. 글을 잘 쓰는 사람은 그런 리듬을 자유자재로 끄집어낸다. 끊어 치기는 내장된 리듬을 발견하여 끄집어내는 방법이기도 하다. 글의 리듬에 있어 정해진 악보는 없다. 오직 각자의 리듬만 있다. 내가 즐기는 리듬은 '짧게 – 짧게 – 조금 길게 – 아주 길게 – 다시 짧게'의 방식이다.

주의할 것이 있다. 끊어 치는 연습을 하지 않으면 리듬을 담을 수 없다. 리듬을 욕심내기 전에 끊어 치기부터 해야 한다. 초보자는 처음부터 끝까지 '기계적으로' 끊어 쳐야 한다. 그 다음 짧은 문장 몇몇을 이어붙이면 리듬이 생겨난다. 이를 반복하면 자신만의 리듬을 찾을 수 있다. 글이 풀리지 않으면, 어찌 시작할지 막막하면, 어떻게 끝낼지 알 수 없다면, 일단 끊어 쳐라. 그러면서 리듬을 타라. 바로 이 글처럼.

늦었다. 뛰어간다. "신분증 좀 봅시다." 경찰이 막는다. 없다. 급하게 나오느라 주민등록증을 빠트렸다. 촛불집회가 열린단다. 나는 거기 안 간다. 성질 급한 B형 그녀가 저기 교보문고 앞에서 눈을 부라리며 서 있다. 이건 중요한 데이트다. 하소연한다. "그럼, 가방 좀 볼까요." 승낙도 하기 전에 손부터 집어넣어 뒤적인다. 코끼리 그려진 콘돔 두 개 삐져나온다. 시청 앞 지하철역 출구에 늘어선 전경들이 킥킥댄다. 이런 십장생이 게브랄티 먹고 지브롤터 해협에서 염병하는 일은 10년 전, 대학생 때 이후로 처음이다. 이빨 물고 신음하는 당신, 끝내 오도카니 서 있다 돌아갈 작정인가?

—〈쫄지 마! 실전 매뉴얼이 여기 있잖아 – 불심검문 대처법〉,《한겨레21》 제769호

설명하지 않고 보여준다

세상 모든 필자는 제 글이 처음부터 끝까지 찬찬히 읽히길 원한다. 세상 모든 독자는 모든 글을 함부로 성의 없이 읽는다. 독자가 글에 완전히 몰입하길 원하는 필자의 기대는 대부분 배신당한다. 독자는 글을 대충 읽으려 한다. 이 비극을 해결할 방법이 있다. 설명하지 말고 보여주면 된다. 독자에게 상황을 설명하지 말고, 독자를 그 상황에 밀어 넣으면 된다. 그러면 독자는 '남의 글'을 읽는다 생각하지 않고, 글이 제공하는 시공간을 '내가 경험한다'고 생각한다. 글을 읽는 게 아니라, 글 속에 파묻힌다.

주제와 소재만으로는 특별한 글을 쓸 수 없다. 태초 이래 인간사의 주요 주제는 무수히 반복됐다. 눈에 쌍심지를 켜도 신선한 소재를 찾기 어렵다. 특별한 글을 특별하게 만드는 것은 주제와 소재의 특별함이 아니다. 주제와 소재를 '특별하게 드러내는 힘'이 특별한 글을 만든다. 대부분의 글은, 특히 기사는 인물과 사건을 '설명하려' 든다. 누가, 언제, 어디서, 무엇을, 어떻게, 왜 했는지 밝혀 적으려 한다. 기자들의 기대와 달리, 이른바 '육하원칙'은 독자들에게 거의 아무것도 전달하지 못한다.

심지어 정보를 전달하기 위해서라도 독자를 글에 푹 빠뜨려야 한다. 독자를 글 속에 파묻히게 하려면 시공간과 인격의 디테일을 보여줘야 한다. "그는 슬펐다."라고 설명하지 말고, "그는 눈물을 흘렸다."라고 보여주는 방식이다. 보여주는 글을 쓰려면 보여주기 위한 취재가 필요하다. 디테일을 꼼꼼하게 살펴야 꼼꼼하게 보여줄 수 있다. 이는 눈썰미가 아니라 의지, 의도, 계획이 있어야 가능하다. 인터뷰를 할 때, 상대의 말만 받아쓰면 설명하는 기사가 될 뿐이다. 상대의 말과 함께 눈빛, 표정, 행동, 시공간을 함께 적으면 보여주는 기사를 쓸 수 있다. 디테일 취재가 쉬운 것은 아니다. 더듬이가 많아야 가능하다. 디테일이 눈에 들어오지 않는다면, 더듬이가 부족하다는 뜻이다.

[……] 노량진의 독서실은 금기투성이의 영토다. 절대로 하지 말아야 할 일과 반드시 지켜야 할 일이 많다. 비닐봉지에 덧버선들을 담아 독서실 입구에 걸어두었다. 위에 안내문이 붙었다. "발뒤꿈치까지 감기는 이런 덧버선을 신고 다니세요." 열람실 문에는 포스트잇이 여럿 붙어 있다. "발뒤꿈치 올리고 걸으세요." 덧버선을 신어도 걸음마다 소리가 난다. "차가운 음료만 드세요." 뜨거운 음료수를 마시면 홀쩍거리는 소리가 난다. "캔 음료는 밖에서 따세요." 딸깍거리는 소리가 방해된다. "점퍼・가방 지퍼는 밖에서 열고 들어오세요." 지퍼 소리도 신경에 거슬린다. "담배 피우면 냄새 다 빠질 때까지 한참 있다 들어오세요." 냄새조차 거슬린다.

— 〈노량진 공시촌 블루스〉, 《한겨레21》 제837호

노량진에서 공무원 시험을 준비하는 청년들을 취재했다. 어느 고시원에 갔더니 게시판에 포스트잇이 빼곡하다. 고시 준비생의 말보다 그 메모가 더 절절했다. 작은 메모지를 모아 노량진의 본질

을 드러내려 했다.

 현장을 담는 르포 기사를 쓸 때, 나는 본능적으로 '작은 사물'을 탐색한다. 인터뷰를 하게 되면, 그 사람의 옷과 버릇부터 살핀다. 르포 취재를 가게 되면, 그 공간에서 발견되는 작은 물건의 특징에 주목한다. 기사에 독자를 '밀어 넣는' 일의 출발이다.

 부족한 더듬이를 보충하려면, 시선의 확장 단계를 염두에 두면 도움이 된다. 하나의 인물에서 군중으로, 작은 사물에서 큰 공간으로, 찰나의 에피소드에서 인생의 역정으로 펼쳐나가는 방식이다. 삶과 역사를 단숨에 받아들일 준비를 항상 갖추고 있는 독자는 세상에 없다. 다만 독자는 일상에서 접하는 작은 순간과 소품을 인지할 수 있다. 작은 것부터 보여주고, 이를 거대한 것으로 확장해 보여주면 효과적이다. 때로 그 반대의 확장도 가능하다.

 마을이 끝나는 좁은 들판 위로 느닷없는 돌산이 거대하고 멀끔하게 솟아 있다. 말의 귀를 닮았다 하여 마이산이다. 굽이치던 금강은 마이산 자락에서 용담호수를 만들어 쉬었다 간다. 산과 호수를 훑고 내려온 겨울 삭풍은 전북 진안군 진안읍 군하리 읍내 사거리를 칼처럼 가로지른다. 오후 1시30분이 되면 아이들은 바람을 뚫고 진안초등학교 교문을 빠져나온다. 그 가운데 몇몇은 또박또박 걸어 '마이용 아동지원센터'를 찾는다. 마이산과 용담호에서 머리글자를 따온 '마이용 센터'는 민간이 운영하는 무료 아동돌봄 시설이다. 센터 맞은편에는 초·중등 보습학원이 있다. '공부하는 습관을 길러주는 학원'이라고 펼침막을 내걸었다. 마이용 센터 아이들에겐 공부하는 습관보다 더 중요한 게 있다. 신발을 벗자마자 아이들은 주방으로 달려간다. 냉장고 문을 열어본다. 먹을 것을 찾는다. "선생님, 저희 언제 밥 먹어요?"

— 〈날치기가 엎은 아이들의 밥상〉, 《한겨레21》 제841호

방학 기간의 아동급식 예산 삭감 논란과 관련해 지방 도시의 아동지원센터를 취재했다. 기사 첫 대목의 '시선'은 다음과 같이 흘러간다. '시골 들판 – 마이산 – 금강 – 용담호수 – 겨울바람 – 진안 읍내 – 진안초등학교 – 아동지원센터 – 아이들 – 주방 – 냉장고 – 밥.' 기사의 초점은 아이들이 먹는 밥에 있다. 그 밥이 어떤 의미인지 독자가 몰입하여 스스로 알아차리길 나는 원했다. 가장 좋은 방법은 독자의 손을 잡고 아동지원센터로 안내하는 것이다. 그럴 수 없으니 그 시공간을 온전히 제공해야 한다. 아이들이 겨울방학 때 먹는 밥 한 그릇의 의미에 몰입할 수 있도록 나는 산, 강, 바람을 등장시켰다. 시공간으로 보자면 거대한 것에서 작은 것으로 이동해갔다. 오직 밥을 위해서였다.

디테일을 전략적으로 배치한다

설명하지 않고 보여주려면 디테일이 필요하다. 그러나 어떤 디테일을 어떻게 드러낼 것인가. 세계는 무한한 사실의 연쇄 고리다. 작은 사실들이 끝도 없이 얽히고설켜 세계를 구성한다. 그 디테

일의 전부를 기사에 담는 것은 불가능하다.

디테일은 기자의 '전략적 판단'에 의해 배치된다. 어떤 디테일은 버려지고, 다른 디테일은 생생하게 재현된다. 무엇을 드러낼 것인지 기자는 의도해야 한다. 디테일의 전략적 배치가 기사의 품질을 결정한다. 디테일이 세계를 입증한다.

수많은 디테일 가운데 무엇을 드러낼 것인가. 고민에 휩싸일 때마다 나는 간단한 방법을 택한다. 취재 과정에서 내가 실제로 몰입했던 순간을 떠올린다. 공연히 거창한 순간을 고르려 하지 말고, 실제로 기자가 몰입했던 순간을 돌아보면 거기 전략적 디테일의 대상이 있다.

[……] 2층으로 올라가는 계단에 종이 박스를 깔고 앉았다. 신문지로 싼 유리병을 꺼낸다. 원래 그 병에는 새우젓이 담겨 있었다. 누군가 새우젓으로 김장을 했을 것이다. 돼지 머리고기에 새우젓을 올려 먹었을 수도 있다. 김순남(75)씨는 새우젓 말고 그 병이 마음에 들었다. 지금은 쌀밥과 볶은 김치가 담겨 있다. 두 무릎을 곧추세우고 앉아 김씨는 밥을 먹는다. '우리는' 하고 시작하는 게 그의 말버릇이다. '우리'는 차가운 걸 좋아한다. 차가운 바닥에 앉아 차가운 밥을 먹으며 그가 말했다. '우리'는 짠 것도 좋아한다. 붉다 못해 까만 김치를 먹으며 그가 말했다. 요즘 나오는 맛소금과 진간장이 참 맛이 좋아서 그것 하나만 있어도 된다고 '우리'는 생각한다.

―〈고물 같은 내 인생〉,《한겨레21》제740호

70대 고물상을 24시간 따라다니며 취재했다. 그의 말, 행동, 표정을 샅샅이 살피고 메모했다. 모두 기사에 담을 수는 없었다. 할아버지는 새벽이 되자 도시락을 먹었다. "소금과 간장이 참 맛있다."며 꽁꽁 언 밥을 유리병에서 꺼내 먹었다. 먹고사는 일의 고단함을 드러내는 게 기사의 목적이었다. 할아버지가 겨울 새벽 도시락을 먹는 모습에 나는 완전히 몰입했다. 기자가 몰입했다면, 독자도 몰입할 수 있다. 그 순간을 기사에 '전략적으로' 배치했다.

디테일을 전략적으로 배치하다보면, 특정 시공간을 '쪼개어 펼치는' 힘도 생긴다. 찰나의 순간, 한마디의 말, 얼핏 스쳐간 표정 등이 때로 거대한 일을 설명해낸다. 이 대목에 이르러 글의 위대함이 발휘된다. 순간을 쪼개어 펼칠 때, 글은 말과 영상을 압도할 수 있다. 문학이 여전히 위대한 것은 영화가 담을 수 없는 섬세한 결을 활자로 표현하여 독자의 가슴에 무수한 울림을 각인하기 때문이다. 기사라고 무엇이 다르겠는가.

[……] 그리고 공을 길게 툭 밀었다. 푸른 공간이 새로 열렸다. 그곳에 공간이 있다는 걸 박지성 말고는 아무도 상상하지 못했다. 자신이 창조한 공간 속으로 30m를 드리블했다. 여섯 차례에 걸쳐 공을 만지고 다듬고 깎았다. 마지막 순간, 그는 공의 자유의지를 믿었다. 수비수의 백태클과 골키퍼의 팔이 악다구니처럼 달려들자 그는 공이 굴러가는 대로 잠시 내버려뒀다. 공은 손과 다리의 정글을 마치 제 의지인 것처럼 헤집고 나왔다. 참을성 있게 기다린 박지성은 마침내 왼 발등으로 공을 토닥이듯 밀어 찼다. 골문 왼

쪽 구석으로 공이 굴러갔다. 그리스인들은 헝겊인형처럼 서 있었다. 축 처져 있던 골 그물마저 가볍게 몸을 떨었다.

―〈투지보다 아름다움!〉,《한겨레21》제817호

2010월드컵을 맞아 축구의 '미학'에 대한 기사를 썼다. 축구가 아름답다는 느낌부터 공유하고 싶었다. 축구 미학의 카타르시스는 골 장면이다. 2010월드컵에서 박지성이 그리스를 상대로 골 넣는 장면을 수십 차례 돌려 봤다. 십여 초에 불과한 그 장면을 거의 0.5초 단위로 끊어서 살폈다. 박지성이 골을 넣을 때 환호했던 독자라면 이 대목에 집중할 것이다. 일단 집중하면 축구의 미학에 대한 나머지 기사도 착실히 읽어줄 것이다. 디테일을 미분하면 때로 '서사'가 된다. 물론 이 경우에도 어떤 디테일을 미분할 것인지, 기자가 전략적으로 판단해야 한다. 이것이 기사의 품질을 결정한다.

정보가 아니라 성격을 전달한다

기사는 사람에 대한 이야기다. 건조한 단신 기사조차 사건, 사고에 얽힌 어떤 사람에 대한 이야기다. (근본적으론 모든 글이 그러하다.) 독자가 기사를 읽는 것은 다른 사람에게 관심이 있기 때문이다. 기사에 등장하는 사람을 제대로 드러내지 못하면 읽기 힘든 기사, 지루한 기사, 무슨 뜻인지 알 수 없는 기사가 된다.

피노키오는 사람의 형상을 갖췄다. 말도 한다. (적어도 동화에선) 사람처럼 느끼고 생각한다. 그럼에도 피노키오는 사람 취급을 못 받았다. 피노키오의 관절은 뻣뻣했다. 그는 두 발로 걸었지만, 사람의 걸음은 아니었다. 대부분의 기사에서 사람은 '피노키오의 형상으로' 등장한다. 굴곡진 피부, 부드러운 관절, 다양한 표정이 없다. 기사에 등장하는 사람에게 생명을 불어넣으려면 그런 디테일을 살려야 한다. 사람의 있는 그대로를 잘 살펴서 '전략적으로' 기사에 배치해야 한다.

생명을 불어넣는 일은 '이력 정보'를 전달하는 것과 다르다. 이상하게도 기자들은 이름·나이·직업·성별·고향·거주지·소득 등에 집착한다. 이런 것들을 나열해야 그 사람을 잘 설명할 수 있다고 믿는 것 같다. 생텍쥐페리는 일찍이 《어린 왕자》에서 그 허망한 믿음을 논파했다.

어른들에게 새로 사귄 친구에 대해 이야기하면 그들은 가장 중요한 것은 도무지 묻지 않는다. "그 친구의 목소리는 어떻지? 무슨 놀이를 제일 좋아하지? 나비를 수집하니?" 이런 말은 절대로 묻지 않는다. "나이가 몇이지? 형제가 몇이나 되니? 몸무게는 얼마지? 그 애 아버지의 수입은 얼마나 되지?" 하고 묻는다. 그제야 그 친구가 어떤 사람인지 알았다고 생각한다.

— 생텍쥐페리, 《어린 왕자》

기사에 등장하는 사람에게 생명을 불어넣으려면 어린 왕자의 눈으로 정보를 전달해야 한다. 목소리가 어떤지, 어떤 놀이를 좋아하는지, 나비를 수집하는지 적어야 한다. 버릇, 표정, 취미, 태도 등을 밝혀 적어야 한다. 그제야 독자들은 기사에 등장하는 사람을 바로 눈앞에서 직접 만나는 것처럼 느낀다. 비로소 기사에 몰입할 수 있다. 어떤 면에서 기사는 사람person이 아니라 인물character을 드러내는 글이다. 인물에겐 반드시 성격과 태도가 있다. 사람의 정보가 아니라 인물의 성격이 중요하다. 그것이 기사에 생명을 불어넣는다.

> [……] 12살 태피소 마테는 패배를 납득할 수 없었다. 그의 팀 코트렐랑 초등학교는 2년 전 이 대회에서 우승했다. 그때도 태피소는 팀의 스트라이커였다. 그런데 올해는 3·4위전에서도 졌다. "화가 나요. 아주 많이." 태피소는 무릎 사이에 고개를 묻고 씩씩거렸다. "나는 오늘 4경기에서 3골을 넣었어요. 기회만 온다면 또 골을 넣을 수 있어요. 미드필더 잘못이에요. 나한테 공을 공급하지 못했죠. 수비수도 제 역할을 못했어요." 태피소의 키는 120cm가 되지 않았다. 스트라이커치고는 작은 게 아닐까. "축구에서 키는 상관없어요. 기술이 중요하죠. 리오넬 메시라고 알아요?"
>
> ―〈소년의 꿈은 '바파나 바파나'〉,《한겨레21》제814호

남아프리카 공화국 빈민가의 소년 태피소 마테를 이해해야, 독자

들은 가난한 소년들이 왜 축구에 몰두하는지 이해할 수 있을 것이라고 믿었다. 원고지 몇 장 분량 안에서 태피소 마테를 이해시킬 수 있는 가장 좋은 방법은 그의 '성격'을 드러내는 일이라고 믿었다.

'무릎 사이에 고개를 묻고 씩씩'거리다 "미드필더 잘못"이라고 몰아붙이는 고집과 "리오넬 메시를 아는지" 묻는 당당함에서 그의 성격이 그대로 드러난다. 이를 통해 독자들은 태피소 마테가 얼마나 축구를 사랑하는지 공감할 수 있다. 그제야 독자들은 태피소 마테의 꿈을 둘러싼 남아공 사회의 구조적 문제에 몰입하게 된다.

> 영희는 말끝마다 "말이에요"를 붙이는 버릇이 있다. 그는 대학을 못 간 것에 대한 회한이 없다. "대학 나와봐야 커피 심부름 하면서 90만 원씩 받는단 말이에요." 실업계 고등학교만 졸업한 영희는 주유소·노래방·PC방에서 아르바이트를 해봤다. 주유소에선 기름 냄새 때문에 토악질을 했다. 노래방 카운터는 '도우미' 제안이 자꾸 들어와 그만뒀다. 손님들 술 시중을 들다 흠씬 얻어맞는 노래방 도우미들을 영희는 자주 봤다. "불법 영업이니까 두들겨 맞아도 신고를 못 한단 말이에요."
>
> ─ 〈마트에선 매일 지기만 한다〉, 《한겨레21》 제789호

버릇은 하루아침에 만들어지지 않는다. 버릇은 그 사람의 일생과 밀접한 관련이 있다. 말, 표정, 몸짓, 걸음걸이, 옷차림 등에 드러

나는 여러 종류의 버릇은 그 어떤 것보다 강력하게 그 사람을 설명한다. 영희는 부당함에 대한 불만을 본능적으로 토로할 때, "말이에요."라고 말을 맺었다. 항변이 입에 붙은 그의 삶과 관련이 깊다. 그 버릇을 드러내고 싶었다. 독자의 코앞에서 빈곤 청년 영희의 토로를 들려주고 싶었다.

평범한 말에서 탁월한 문장을 찾는다
좋은 문장은 책 속에 있지 않다. 평범한 사람의 평범한 말 속에 참으로 훌륭한 문장이 숨어 있다. 그럼에도 좋은 책을 읽어 좋은 문장을 배우게 되는 이유가 있다. (이 글의 맨 앞에 밝혔듯) 말은 공중으로 흩어져 자취조차 남기지 않는다. 오직 글만 사람에게 각인된다. 좋은 말은 사라지고 좋은 글만 기억된다.

기자는 이 비극을 해결할 수 있다. 기자는 남의 말을 듣고 기록하는 사람이다. 공연히 문학의 문장에 집착하지 않아도 (물론 책을 많이 읽을수록 좋은 글이 나오긴 하지만) 사람의 말에 귀 기울이면 좋은 문장을 구사할 수 있다.

> [……] 큰아들이 죽었다. 4년제 대학을 나와 결혼까지 했는데, 교통사고로 죽어버렸다. "그게 7년 전인가, 8년 전인가…… 잘 모르겠네. 뭐 알 필요도 없고……." 황기백(가명)씨는 담담하게 말했다. 이웃에 사는 김형성(가명)씨의 딸은 26살 되던 해에 죽었다. "딸을 날려버렸다."고 김씨는 말했다.
>
> [……] 2006년 폐암 3기 진단을 받았다. "사는 것도, 죽는 것도 너무 힘들

다."고 박씨는 말했다. 그래도 입에 무료 점심을 꾸역꾸역 밀어 넣고, 삐거덕거리는 현관문을 열어 남편이 홀로 앉은 좁은 방으로 돌아간다.

— 〈사는 것도 죽는 것도 너무 힘들다〉, 《한겨레21》 제803호

영구임대아파트에 사는 빈곤층을 취재했다. 그들의 말은 모두 탁월한 문장이었다. 평생의 가난을 응축한 문장이었다. 예컨대 "딸이 죽었다."가 아니라 "딸을 날려버렸다."고 말했다. 무엇이 힘든지 물었더니 "사는 것도, 죽는 것도 너무 힘들다."고 말했다. 이런 문장은 책상머리에 앉은 학자나 문인에게서 나오지 않는다. 기자는 복 받은 직업이다. 이런 말이 널린 거리와 광장에 직접 나설 수 있다. 좋은 문장을 한 소쿠리씩 매일 들을 수 있다.

다만 주의할 것이 있다. 말을 그대로 글에 옮기면 방대한 분량이 된다. 위 기사에 등장한 할아버지, 할머니와 각각 한 시간 이상 대화했다. 평범한 시민의 말은 정연하거나 논리적이지 않다. 기자는 그 말의 본질을 흐리지 않는 선에서 정돈하고 압축해야 한다. 그런데 이때 말의 '요지'를 정돈, 압축하면 절대로 안 된다.

취재윤리의 문제이기도 하지만, 무엇보다 그렇게 하면 말이 죽어버린다. 딸을 먼저 보낸 할아버지가 한 시간 동안 들려준 이야기의 '요지'는 '딸이 나보다 먼저 죽어 슬프다'이다. 이를 기사에 옮기면, 할아버지의 말은 그만 생기를 잃어버린다. 그 절절한 이야기 전체를 대표할 수 있는 딱 하나의 문장을 잡아채서 쓰면, 독

자들은 그 슬픔을 비로소 공감할 수 있다.

 아울러 그 말을 기사의 문장으로 옮길 때, '문어체'로 고쳐 잡지 말고, 최대한 '말 그대로의 생생함'을 살려 적어야 한다. 놀랍게도 많은 기자들은 "딸을 날려버렸다."는 말을 번연히 듣고도, 기사에는 "딸을 잃었다."고 적는다. 책상물림의 감각으로 생생한 말을 죽은 글로 대체해버린다.

 인용문은 꼭 필요할 때만 악센트처럼 집어넣어야 한다. 따옴표가 많으면 독자가 몰입할 수 없다. 물론 발터 벤야민이라는 지식인은 온통 인용문으로 가득한 저술을 남기기도 했다. 처음부터 끝까지 인용문으로 점철한 글을 쓰는 것이 잘못은 아니다. 어쩌면 그것이 글의 진정한 본질일 수도 있다. 다만 그런 경우에 처하게 된다면, 나는 따옴표를 지워버릴 것이다. 처음부터 끝까지 '인용문이 아닌 문장'으로 가득 채우고, 그 전체가 인용문이라고 어디엔가 주석을 달아둘 것이다. 나는 따옴표가 싫다.

 어느 면에서 따옴표는 글 쓰는 이를 위한 '면책'의 장치다. 기자가 대표적이다. 기자들은 인용문을 남발한다. 제 글의 책임을 피하고, '취재원'들에게 말의 책임을 돌리기 위해 따옴표를 붙인다. 이런 장치가 꼭 필요한 때가 있긴 하다. 대통령, 정치인, 기업인, 학자 등이 중대 사안을 논할 때, 일부러라도 따옴표를 붙여 인용문을 만들어둬야 한다. 유력자, 명망가, 권력자가 그런 말을 했다는 사실을 기록에 남겨야 한다.

 그러나 평범한 시민들의 평범한 말은 평서문으로 옮길 때 더욱 설득력이 높다. 딸이 죽은 과정은 기자가 직접 서술하는 평서문에 압축하여 설명하고, 그에 대한 노인의 감정만 인용문에 담으면 된다. 이를 모두 인용문으로 처리하면, 노인의 훌륭한 말은 '스포트라이트'를 받지 못한 채 시들어버린다.

예상치 못했던 말도 배척하지 말고 잘 담으면 좋은 문장이 된다. 종종 기자는 앞선 판단과 편견을 갖고 취재에 나선다. 기자가 생각하기에 적절치 않은 말도 듣는다. 많은 경우, 대부분의 기자들은 그런 말을 기사에서 빼버린다. 그러나 예상과 다르고, 상황에 비춰 적절치 않은 말이 독자를 몰입시키는 놀라운 문장이 될 수 있다.

앞서 '디테일의 전략적 배치를 의도해야 한다'고 썼다. 의도가 없는 기자는 무능한 기자다. 무한한 사실관계의 연쇄 고리 가운데 무엇을 끄집어내 드러낼 것인지 판단해야 한다. 그러나 자신의 판단, 의도, 프레임은 그것과 다른 사실 관계를 발견하는 순간, 유기적이고 역동적으로 변화시킬 수 있어야 좋은 기사를 쓸 수 있다.

예컨대 앞의 기사에서 할아버지는 큰아들이 언제 죽었는지 "잘 모르겠네. 뭐 알 필요도 없고……."라고 말했다. 사리에 맞지 않는 말이다. 통속적으로 보면 노인은 엉엉 울어야 하고, 언제 어떻게 죽었는지 생생하게 기억해야 한다. 그러나 노인의 말은 다른 진실을 독자에게 전달한다.

다른 식구를 건사하려면 아들의 죽음을 잊어버려야 한다고 노인은 용을 쓰며 다짐했을 것이다. 삶의 밑바닥에 있는 그런 진실을, 그런 문장을 한낱 기자가 어찌 알 수 있겠는가. 오직 그 노인의 말 속에 진실이 있다. 나는 그걸 옮겨 적었다.

처음부터 끝까지 담담하게 쓴다

> [……] 내 이름은 김순악. 그런데 일본 군인들은 자꾸 다른 이름을 불렀다. 사다코, 데루코, 요시코, 또는 마쓰다케라고 불렀다. 요 한 장을 깔면 방이 꽉 찼다. 방문에 작은 구멍이 있었다. 주먹밥 서너 개를 넣어줬다. 틈틈이 먹으며 하루 종일 일본 군인을 상대했다. 내 나이 열여섯이었다. 나중엔 몸이 아팠다. 일본 군인들은 옷을 벗지 않고 지퍼만 내렸다. 허리에 매달린 칼집이 내 뱃살을 찔렀다. 생리 때도 상대했다. 가제나 솜을 구해 아래를 닦았다.
>
> ―〈내 이름은 김순악, 일제에 짓밟힌 소나무 한 그루〉, 《한겨레21》 제794호

암 투병 끝에 세상을 뜬 일본군 위안부 피해자 할머니를 취재했다. 할머니가 남긴 기록을 살피고 생전에 사귀었던 사람들을 만난 뒤, 할머니가 직접 80여 년 인생을 회고하는 방식으로 기사를 썼다. 할머니는 해방 직후, 경찰과 사귀어 아들을 낳았다. 아이의 아버지는 사라졌다. 이후 미군을 상대로 장사를 했다. 둘째 아들을 낳았는데, 혼혈이었다. 아이의 아버지는 다시 사라졌다. 서울 부잣집에 들어가 식모살이도 했다. 늙어서는 혼자 지냈다. 그 일

생을 취재하고 글로 옮겨 적으며, 나는 많이 울었다.

기사에선 일부러 담담한 문장만 사용했다. 형용사와 부사는 최대한 덜어냈다. 감정이나 감상을 드러내는 문장도 덜어냈다. 일어났던 일만 적었다. 독자들이 메일을 많이 보내주었다. 글 가운데 가장 높은 글은 사람의 마음을 움직이는 글이다. 즐겁고 기쁘게, 슬프고 애달프게 만드는 글이 위대한 글이다. 글 쓰는 모든 이는 그런 글을 쓰려는 욕심을 갖고 있다.

기사에서 그런 성취를 이뤄내려면 반드시 지켜야 할 철칙이 있다. 처음부터 끝까지, 단어부터 문장까지, 철저히 담담하게 써야 한다. 울리고 싶은가. 울지 마라. 웃기고 싶은가. 웃지 마라. 필자가 먼저 감정을 드러내거나, 감정이입을 부추기는 문장을 쓰면, 독자는 울고 싶다가도 눈물을 거두고, 웃고 싶다가도 미소를 지운다.

이와 관련해 종종 발생하는 잘못이 있다. 사람들은 도입을 '인상적으로' 시작하려 애쓴다. 마무리도 '그럴듯하게' 매듭지으려 애쓴다. 그런 태도에는 잘못이 없지만, 그 방식에 문제가 있다. 공연히 형용어구를 남발하면 안 된다. 인상적 도입, 그럴듯한 마무리는 독자의 감정을 부추기는 것과 아무 상관이 없다. 오히려 철저하게 냉담을 유지하는 게 좋다.

특무대원들은 박진목을 나무에 묶었다. 새벽하늘이 밝아오고 있었다. 무성하게 익어가는 보리밭이 보였다. 낙동강 줄기가 손에 잡힐 듯 가까웠다. 육군 특무대원들은 그를 지프차에 싣고 대구 달성군 화원유원지 뒷산으로 데

려왔다. 차 한 켠에는 가마니, 삽, 괭이가 있었다. 그들은 구덩이를 파고 박진목의 눈을 가렸다.

[……] 박진목은 3남5녀를 두었다. 세 아들은 농사를 짓거나 작은 장사를 하며 생계를 이었으나, 지금은 특별한 직업이 없다. 단칸방의 움막은 지금 방 두 칸의 슬레이트 지붕집이 됐다. 오는 10월께 집 앞에 묘비를 꾸며 모실 것이라고 근처에 사는 큰아들이 말했다. "돌아가시기 한 달 전, 며느리를 불러다 '내가 곧 돈 구해서 줄게' 하며 웃으셨다."고 큰아들은 아버지의 마지막을 떠올렸다. "평생 아버지 심부름만 했다."는 큰아들은 선하게 웃었다. 독립운동가 · 평화운동가의 자손이다.

―〈평화와 통일로 새겨진 92년의 삶〉,《한겨레21》제822호

평화운동가 박진목에 대한 기사를 썼다. 첫 단락은 기사의 도입이고, 뒷 단락은 기사의 마지막이다. 현대사의 역정을 오롯이 담은 인물이었는데 기사에선 수많은 곡절을 담담하게 쓰려고 애썼다.

인상적 도입과 그럴듯한 마무리를 결정짓는 것은 수려한 문장이 아니라 '결정적 장면'이다. 도입과 마무리가 막힐 때마다 나는 어떤 '장면'을 떠올리려 애쓴다. 영화를 만든다고 상상한다. 전체 서사를 상징하는 특징적인 장면으로 무엇이 좋을지 고민한다. 위 기사에서 첫 장면은 총살 위기에 처한 박진목이고, 마지막 장면은 돌아가신 아버지의 묘를 꾸미는 가난한 아들이다.

검박한 도입과 마무리가 가장 좋다. 더 검박할수록 더 감동적

이다. 다만 나 역시 늘 성공하는 것은 아니다. 특히 검박한 마무리에서 애를 먹는다. 언제나 차고 넘친다. 검박한 도입과 마무리를 연습하는 방법이 있다. 남이 쓴 글의 도입 단락과 마무리 단락만 떼어서 각 단락의 마지막 문장부터 지워보는 것이다.

예컨대 위 기사의 마지막 단락에서 '독립운동가·평화운동가의 자손이다'는 문장을 없애보자. 더 여운이 남는 마무리가 된다. 그 앞의 문장, 다시 그 앞의 문장을 지워도 마찬가지다. 남의 글에 손을 대어보면, 내 글의 부끄러움을 알게 된다.

통찰을 담으려 애쓴다

이제 기사 쓰기의 가장 어려운 대목이 남았다. 기사의 두 축은 프레임과 디테일이다. 디테일은 지금까지 거듭 설명했다. 무수한 사실의 연쇄 고리가 디테일이다. 프레임은 그 가운데 특정 사실을 담아 엮는 틀이다. 프레임 없는 기사는 세상에 없다. 기자 또는 언론은 특정한 프레임을 모든 기사에 적용한다. '객관적 기사'란 현실에 존재하지 않는다. 진실의 총체를 담으려 애쓴다는 차원에서 객관적 기사를 '지향'할 수는 있지만, 실제로 그런 객관을 '구현'하는 일은 애초에 불가능하다. 누군가 "우리는 객관적으로 보도한다."고 말한다면, 그는 거짓말쟁이거나 무식꾼이다.

프레임은 이념, 논조와 조금 다르다. 오히려 사건, 사고, 인물을 다루는 '방식'에 가깝다. 철거 세입자가 농성을 벌이다 경찰 진압으로 사망한 '용산 사건'의 경우, 당시 두 종류의 프레임이 경쟁을 벌였다. 남일당 망루에 누가 올라갔나, 얼마나 많은 화염병을 준비했나, 누가 화염병을 던졌나 등 사건 현장에 초점을 맞춘 프레임이 있었다. 이 프레임으로 기사를 쓰면, 독자의 관심은 '폭력성'에 맞춰진다.

다른 프레임이 있었다. 그들은 왜 망루에 올랐나, 여러 재개발 가운데 하필 용산이 문제가 된 이유는 무엇인가, 재개발은 무엇인가 등에 초점을 두었다. 이 프레임으로 용산 사건을 보면, 재개발의 전근대성과 폭압성이 드러난다.

지금까지 언급한 모든 덕목들, 즉 끊어 치면서 리듬을 타고, 디테일을 전략적으로 배치하면서 인물의 성격을 보여주고, 말 속에서 좋은 문장을 찾아 담담하게 적는다 해서 곧바로 훌륭한 기사가 되는 것은 아니다. 이 방식으로 최악의 기사를 쓸 수도 있다. 프레임 때문이다.

올바른 프레임, 좋은 프레임이 무엇인지 논하려면 더 많은 글이 필요할 것이다. 다만 '강력한 프레임'에 대해선 몇 자 적을 수 있다. 통찰의 힘은 강력한 프레임을 구성하는 기초다. 통찰의 힘, 즉 사건, 사고, 인물의 본성을 꿰뚫어보는 능력은 기사의 알파이자 오메가다.

그런 통찰을 가진 사람은 극히 드물다. 나에게도 그런 천부의 재능은 없다. 나름 노력은 하고 있다. 기사에서 다루게 될 주제 또는 소재에 대해 상식을 뒤집어보고, 사회적으로 통용되는 금기를 건드려보고, 여러 분야의 잣대를 교차하여 들여다보려 애쓴다.

태초에 원시 단세포동물이 있었다. 바다를 떠다니는 단백질 덩어리였던 녀석은 어느 날, 무작정 물결에 몸을 맡기는 대신 '하나의 방향'으로 헤엄치기 시작한다. 먹이를 섭취하는 데는 그 편이 훨씬 유리하다. 녀석의 몸뚱아리엔 이제 앞과 뒤의 구분이 생긴다. 단세포동물의 '앞 몸통'은 모든 얼굴의 시초다.

―〈얼굴 관음증은 구별짓기 본능〉,《한겨레21》 제747호

살인범의 얼굴 공개를 두고 논란이 일었다. 인권, 공익 등의 가치가 충돌하는 가운데 나는 달리 보고 싶었다. 살인범의 손과 발이 아니라 왜 하필 얼굴이 문제인가. 사람들은 얼굴에서 무엇을 보나. 얼굴이 전하는 정보는 무엇인가. 사람의 얼굴은 어떻게 진화했나. 도대체 얼굴은 왜 필요한가. 이런 엉뚱한 생각으로 기사를 썼다. 생물학, 관상학, 의학, 역사, 문화인류학, 심리학, 법학의 자료를 검토하고 각각을 종횡으로 엮었다.

부족함이 많은 기사였지만, 내가 의도했던 것은 살인범의 얼굴을 들여다보려는 '우리의 얼굴'을 보자는 메시지였다. 정치사회적 불안이 높아질수록 우리는 누군가의 얼굴에서 '악의 근원'을 찾아내 응징하려는 욕망에 휩싸인다. 살인범의 얼굴을 들여다봐도 우리의 뇌는 그것을 기억해내지 못한다. 그저 누군가를 징벌하고 싶을 뿐이다. 그런 우리가 과연 정상인지 묻고 싶었다.

이것이 과연 '강력한 프레임'이었는지 자신할 순 없지만, 뒤집어보고 섞어보면 전혀 다른 프레임을 형성할 수 있다는 점은 분

명하다. 사건, 사고, 인물의 본질이 무엇인지 끝없이 질문하면서, 이를 담는 효과적이고 정확한 틀이 무엇인지 거듭 궁리할 때, 비로소 프레임이 만들어진다.

어느 면에서 프레임은 다시 글쓰기의 본질을 묻는 일이다. 타자에 대한 감응과 자아에 대한 성찰을 거듭하지 않으면 사건, 사고, 인물이 나에게 무엇을 의미하는지 알아차릴 수가 없다. 나에게 아무 의미도 없는 일을 글로 적어 남에게 의미를 전하는 것은 애초에 불가능하다. 혹시 흉내를 냈다 해도 아무짝에도 소용없거나, 외려 사람들에게 피해를 줄 뿐이다.

프레임은 자아-타자 교감의 수준을 드러낸다. 남들이 미처 생각지 못했던 대목을 번뜩이는 통찰로 도려내어 생생하게 드러내는 글이 있다. 그런 기사를 쓴 필자는 자아에 대한 성찰과 타자에 대한 감응에서 오랫동안 절차탁마했을 것이다. 그리고 여기에 이르러 이 글은 도돌이표를 찍는다. 기사는 결국 기자의 노출이다.

옹기 빚는 장인의 마음으로

십수 년 동안 기사를 쓰면서 거듭 확인한 일이 하나 있다. 독자가 바라는 것은 정보가 아니라 공감이라는 점이다. 때로 독자는 편파 보도라거나, 정보가 충분치 않다는 불평을 한다. 그런 요구를 기계적으로 반영하면 (그조차 반영하지 않는 것보다 낫겠지만) 좋은 기사를 평생 쓸 수 없다.

독자가 원하는 것은 자신을 이입하여 공감할 수 있는 어떤 타자다. 그 공감은 때로 분노, 때로 웃음, 때로 울음이다. 공감은 아무 때나 아무렇게나 이뤄지는 게 아니다. 공감하기 위해 필요한 정보가 있다. 독자는 기자에게 "타자, 이웃, 세계와 공감할 수 있도록 정보를 정돈해달라."고 요구하는 것이다. 기자들은 지금까지 '정보'에 방점을 뒀다. 앞으로는 '공감'에 주목해야 한다.

공감을 위한 정보, 정보를 통한 공감을 어떻게 이뤄낼 것인가. 모든 경우에 적용할 수 있는 정답은 없다. 다만 나는 몰입하려 애썼다. 프레임을 고민할 때, 취재할 때, 기사 쓸 때, 최대한 몰입했다. 돌아보면, 몰입한 만큼 독자들은 공감했다.

그것은 장인 정신에 가깝다. 장인은 함부로 옹기를 빚지 않는다. 거듭 연습하여 한 치의 오차도 없는 옹기를 만든다. 흠이 있으면 서슴없이 깨버린다. 모든 사람이 그 옹기를 쓰며 만족하길 기대한다. 누구 한 사람이라도 불평한다면 장인은 깊이 상심할 것이다.

기사는 장인의 옹기와 비슷하다. 너무 흔하여 사람들의 발길에 차일 정도다. 그래도 평범한 시민들의 일상적 필요에 반드시 부응한다. 항상 희로애락을 받아 담는다. 그런 옹기를 만들기 위해 장인은 수십 년을 거듭하여 빚고 굽고 깨고 다시 빚는다. 사람들은 옹기 귀한 줄 좀체 모르지만, 장인은 오롯한 자부심으로 평생을 버틴다. 기사 쓰기의 이치가 이와 같다.

나는 시를 어떻게 쓰는가

시 쓰기의 어려움
시인 유희경

시 그리고 시인에 대하여

'시詩'라는 말에는 어딘가 이상한 구석이 있다. 적어도 나에겐 그렇다. 시는 장르도 아니고 고정된 개념도 아니다. 시는 정신이고 마음이고 의지이고 의식이다. 허위의 어떤 것도 아니고 사실 그 자체도 아니며 그것을 목적으로 삼지도 않는다. 시는 언제나 모습을 바꾸며 어디에나 있다. 시는 질서를 갖춘 아름다움이다. 그것은 오롯하게 인간을 위한 개념이며, 인간은 이를 통해 다른 생명들과 차별될 수 있다. 인간 내면의 어떤 것을 드러낸다면, 그것은 모두 시라고 할 수 있다. 모종의 감탄이나 표현, 그리고 그 표현을 찾아내려는 노력은 모두 시이다. 시에 한해서라면 모두가 평등하고 자유롭다. 시는 누구의 어깨도 짓누르지 않는다.

시는 하나의 이데아로, 고정된 실체를 갖고 있지 않다. 아름다움이란 감각에 눈뜬 이래, 인간은 시를 알고 싶어 했고 표현하고자 했다. 누군가는 몸짓으로, 누군가는 이미지로, 누군가는 빼곡하게 채운 글자들로 자신이 발견한 시를 '나타냈다.' 그럼에도 불구하고 시를 그 자체로 보여줄 수 있는 방법은 없다. 어떤 방법을 써도 시는 매개를 통해 자신의 '일부'를 드러낼 뿐이다. 사이비似而非, 한자 뜻풀이 그대로, 닮아 있지만似 아니다非. 그러니 우리가 '시'라고 부르는 것은, 엄밀히 따지자면 시와 유사한 어떤 것에 불과하다. 그것은 언제나 우리의 정신과 마음과 의지와 의식에 최대한 가까워지려고 노력한 결과물이다.

시를 쓴다는 것 또한 그러하다. '시'라는 비물질적 개념을 언어라는 매개를 통해 드러내려는 노력이다. 시를 '쓴다'는 표현은, 사실 옳지 않다. 그럼에도 나는 시를 쓴다는 표현을 쓰겠다. 대신 이 표현이 '언어를 이용해 시를 표현하여 최대한 시의 가까이에 닿으려고 노력하는 것'임을 전제한다. 이 전제가 유효하다면 나는 '언어를 이용해 시에 가장 근접한 표현을 찾으려 애쓰는 사람', 즉 시인이다.

그러므로 나는 "세상에는 좋은 시와 나쁜 시가 있을 뿐이다."라는 스승의 정의에 동의한다. 나는 내가 시를 의식하고 있다는 것을 알고 있다. 나는 시를 쓰고 있다. 대개 "나쁜 시"이며, "좋은 시"를 쓰기 위해 노력한다. 그런데 "좋은 시"는 어떤 것이고 "나쁜 시"는 어떤 것인가. 앞서 정의한 바에 따르면, 우리가 시라고 부르는 것은 인간 내면의 어떤 것에 최대한 가깝게 닿으려는 노력이다. 그렇다면 어떻게 최대한 가깝게 닿을 것인가. 그 방법엔 기술이 필요한 것인가, 진심이 필요한 것인가. 그것을 우리는 어떻게 알아볼 수 있을까. 한편, 그렇다면 좋은 시란 내면의 최대 근사치인가. 지금부터 내가 써내려갈 글이 이 모든 질문들을 해결해주지는 않을 것이다. 이 질문은 몸으로, 이미지로, 문자로 시를 표현하려는 모든 이들이 고민해온 것이다. 그들은 이것을 품에 안고 시 쓰기를 했으며 해오고 있다. 쉬운 해답을 기대하지 않는 것, 이것이야말로 시 쓰기의 첫 번째 태도일 수 있겠다.

시 쓰기에 대한 몇 가지 오해

시작하기 전에, 시 쓰기의 '몇 가지 오해'부터 언급하는 것이 좋겠다. 내가 앞으로 언급할 몇 가지 것들은 이를 경계하는 것만으로 시 쓰기를 향한 일보 진전이 될 수 있을 만큼 보편적이고, 그렇기 때문에 귀중한 오해이다.

몇몇 사람들은 내가 시인이란 것을 알게 되자마자 호기심 가득한 눈으로 나를 바라본다. 그리고 그 눈빛에는 '어떤 기대'가 숨어 있다. 그 기대는 비슷비슷한 모양을 가지고 있는데, 대개 두 개의 단어로 압축할 수 있다. '낭만성'과 '속삭임'이다. 그들은 내 입에서 신비한 언어들이 나오기를 기대한다. 그리고 그 신비한 언어들을 통해 흥취와 감동을 얻길 기대한다. 그리하여 처음에는 내 말 한마디 한마디를 귀 기울여 듣지만, 자신의 기대가 어긋났다고 판단하는 순간 ― 그 순간은 금세 찾아오기 마련인데 ― 그 실망을 애써 감추려 들지 않는다.

그럴 때마다 나는 그런 그들의 갈증을 풀어주지 못해서 민망하고, 또 오해를 풀어줄 수 없어서 답답하다. 그러나 이 오해의 발생 원인과 발전 과정에 대한 추적보다 중요한 것은 시가 과연 그러한 것인가 되물어보는 것이다. 결론부터 말하자면 시는 낭만적인 것 혹은 속삭임과 관계없다. 설령 관계가 있을지라도, 그것은 극히 일부일 뿐이며 시인이나 시가 의도한 바가 아닐 확률이 높다. 낭만성은 언어나 언어로 적힌 시에서 발생하는 것이 아니라, '

그것을 읽는 독자의 내부에서 발생하는 화학작용이다. 다시 말해 시는 어떤 분위기를 속삭이지 않는다. 오히려 시는 그리고 시인은 이를 경계한다. 낭만과 속삭임의 유혹은 쇠를 부식시키는 염분 가득한 바닷물처럼, 시를 부식시킨다. 시인이 쓰는 시는 풍경과 의식의 흐름을 전달한다. 시 혹은 시인은 발화telling해서는 안 된다. 그저 보여주어야showing 한다. 그리고 독자는 스스로 뉘앙스를, 감정을, 의미를 쟁취하여야 한다. 만약 누군가가 시는 정말 어렵다, 라고 말한다면 말하지 않고 그저 보여주는 시의 이러한 성질 탓일 게다.

  시는 거울이다. 거울은 어떤 것인가. 거울은 최대한, 사실을 어떠한 관점도 드러내지 않은 채, '보여주는' 도구이다. 쓰여 있는 시는, 세계를 보여준다. 독자가 여기서 어떤 감정을 얻는다면, 그것은 스스로에게서 얻은 것이다. 관점은 보는 이에게 달려 있다. 거울은 얼굴에 난 잡티를 확대해 보여주지 않는다. 시인이 할 수 있는 것이 있다면, 거울의 굴절률을 변경하는 것이다. 거울이 사실을 보여주기는 하지만, 정직한 것은 아니다. (정직은 시의 덕목이 아니다.) 거울의 왜곡은 의도될 수 있다. 시인은 각자의 계산에 따라 오목과 볼록과 파편의 상像을 제시한다. 독자들은 이를 보고 이상함을, 재미를, 현기증을, 통증을 얻고 때로는 외면한다.

  분위기를 속삭이는 자는 그러므로, 시인이 아니다. 분위기는 눈앞의 사실을 가린다. 속삭임은 감상과 감정에 기댄 관점이다. 시인은 독자의 눈을 가려서는 안 된다. 시라는 도구로, 가려진 것을 거둬내야 하는 자이다. 없는 것을 있는 것처럼 그려 넣어서는 안 된다. 가짜로 인한 감동은 허상이다. 허상은 금방 사라지고 만다.

누군가에겐 당연하고, 누군가에겐 낯설, 거울의 비유는 문자를 통해 표현되어야 할 시를 대할 때의 첫 태도이다. 시의 윤리는 여기서 시작되고 여기서 끝난다. 한편 거칠기도 한 이 정의가 또 다른 오해를 낳을 수도 있다. 도무지 규정할 수 없는 어떤 것을 일반화했을 때 필연적으로 따라올 이 오해가 두려운 한편, 즐겁기도 하다. 오해를 깨고 새로운 정의를 내리는 것, 신개지를 찾아나서기를 주저하지 않는 것 역시 시 쓰기의 자세인 것이다.

한 줄을 경계하다

시는 생각지도 못한 곳에서 나타난다. 시인은 길을 걸어가다가, 사물을 들여다보다가, 대화를 나누다가, 어떤 생각을 하다가 시를 만난다. 어쩌면 나는 늘 시를 의식하고 있는지도 모르겠다. 어쨌든 그렇게, 유령처럼 홀연히, 없(었)다가 '있는' 시를 만났을 때, 나는 그것을 지운다. 이상하게 들릴지도 모르겠다. 애써 찾으려 해도 모자랄 시를, 지워버리다니. 그러나 사실이다. 견디지 못하고, '그것'들을 기록할 때도 있다. 그러나 그 기록은 물론 그 기록의 기억 역시 머릿속에서 지워버린다. 나는 지우는 것으로부터 시 쓰기를 시작하는 시인이다.

이때 내가 경계하는 것은, 흔히 시로 오해되는 '한 줄'이다. 의식적으로 적어낸 한 줄은 대개 시를 망친다. 그 한 줄을 위해 시를 써내기 때문이다. 그 '빛나는' 한 줄을 살리기 위해 빈 곳을 포장하고 채워 넣다가 결국 시는 물론 그 한 줄마저 망가뜨리고 만다. 시는 단 한 줄로 완성되는 것이 아니다. 그 한 줄은 의식 저 깊숙한 곳에 심어놓아야 한다. 그 한 줄이 싹을 틔우고 줄기를 밀고, 꽃을 피울 때까지. 이를 행하는 일은 쉽지 않다. 시의 바깥은 언제나 그 한 줄을 바란다. 시의 가장 아름다운(혹은 아름답다고 생각되는) 구절을 인용한다. 이를 활용하고, 이에 대해 언급한다. 그것이 시의 처음이자 끝인 것처럼 대한다. 그것이 시의 핵심이라고 생각한다. 그리하여 시인은 자신이 찾아낸 멋진 비유나 잠언을 버리지 못한다. 그러나 구절은 시가 낳는 것이다. 구절이 시를 낳는 경우는 흔치 않다. 아예 없다고 생각해도 좋다. 예를 들어 저 유명한 김춘수의 〈꽃〉을 생각할 때 대개의 사람들은 "내가 그의 이름을 불러주었을 때/ 그는 나에게로 와서 꽃이 되었다."는 구절을 떠올리지만, 그 부분은 시의 일부에 불과하다. 그 한 문장은 아무것도 아니며 아무것도 할 수 없다. 시를 쓰는 한 선배는 여행을 떠날 때, 펜만 가지고 간다고 했다. 절박한 언어를 적기 위해, 마음의 필터를 두기 위해서이다. 무언가 떠올라, 그것을 적기 위해 종이를 찾는 동안 그가 갖는 시간은 그가 그 한 줄에 속는 것을 유예하여, 한 줄의 마력을 경계할 수 있도록 할 것이다. 다시 말하지만 시는 정신이고 마음이고 의지이고 의식이다. 시인은 시 전체를 생각해야 한다. 시 한 편은 하나의 우주이다. 그곳에 무절제한

혼돈을 주는 것이라면, 아무리 아름답고 멋진 구절이라 하더라도 과감하게 지워버려야 한다. 그러나 그런 용기가 필요함을 깨닫기까지는 오랜 시간이 걸린다.

시적인 것으로 출발

그렇다면 아예 시작부터 달리해야 한다. 어디서 무엇을 보았고 무엇을 느꼈든 한 줄로는 아무것도 할 수가 없다. '한 줄도 너무 길다'는 하이쿠의 격언은 일단 지워버리자. 세이렌의 노래에 매혹되어 좌초되는 일은 없어야 하기 때문이다. 한 시인은 이에 대해 다음과 같이 말한다.

> 지난겨울, 문학을 하겠다는 후배들과 간담하는 자리에서 나는, 시를 언어에서 출발하지 말고 시적인 것의 발견으로부터 출발해보는 것이 어떻겠느냐고 말한 적이 있다. 그 시적인 것은 뭐라고 딱 말할 수 없고, 딱 말할 수 없다는 점에서 어쩌면 선적인 것과 닿아 있는지도 모르겠다 [……] 시란 금방 부숴지기 쉬운 질그릇인데도 우리는 그것으로 무엇인가를 떠 마신다.
>
> —황지우, 〈버라이어티 쇼 1984〉 부분

시적인 것으로부터 출발해야 한다. 시를 쓰겠다고, 몇 계절을 품에 안은 채 괴로워하던 나는 이 문장을 몇 번씩 되뇌었다. 일기를 쓰기 시작했다. 내가 시라고 생각하는 모든 것을 지운 일기였다.

그것은 시가 아니라 '시적'이 되어야 했으므로 그 일기에는 하나의 시간, 하나의 사건, 하나의 장소만 남겨두었다. 나머지는 지워버렸다. 그래야만 가능할 수 있었다. 수식과 잠언을 포함한 모든 장식은 배제되었다. 그것은 볼품없었지만, 나의 생각과 그 생각이 발생하게 된 정황을 분명히 드러내는 '어떤 것'이었다. 더 긴밀해졌고 더 열려 있었다. 나는 지금도 이 일기 쓰기를 잊지 않는다. 이것은 이제 훈련이 아닌 중요한 일상이 되어버렸다. 그리고 이 기록의 모음은 내 정신의 지도이다. 내 미학의 이정표이다. 지운다는 것에 대해 생각해본다. 나는 지금도 지우고 있다. 이따금 너무 많이 지운다. 너무 지우지 않아 실패하기도 한다. 시를 쓰려는 행위가 시에 최대치로 근접하려는 태도임을 잊지 않는다면, 시적인 것을 쓰는 행위에 대해 좀 더 가까워질지도 모른다.

시적 자아의 세계

쓰기 위해 나는 기다린다. 쓰기 위해 걸리는 시간은 종잡을 수 없다. 내적 외적으로 정한 마감 직전이 될 수도 있다. 오래오래 고민한 끝에 쓰기 시작하기도 한다. 드물게, 단숨에 써버리는 경우도 있지만 대개는 적지 않은 기다림이 필요하다. 그 기간 동안의 괴로움은 말로 하기 어렵다. 시인으로서의 재능 없음과 자격에 대한 의문을 갖는 것도, 시를 쓰겠다고 덤벼든 것에 대한 후회도 대부분 이때 생겨난다. 고대 그리스의 시인 호메로스는 뮤즈의 힘을 빌려 시를 썼다. 요즘엔 '영감'이라고 한다. 또 시인들 사이에선 농담 삼아 '그분이 오셨다'라고도 한다. 나는 그런 것을 영접해본 적이 없다. 한 번쯤 경험해봤으면 하지만, 내게는 그런 행운은 영영 오지 않을 거라 생각한다. 아무튼, 그런 내게 시는 감정과 의식과 실재가 맞닿는 순간에 찾아온다. 나는 그런 순간에 시를 쓴다. 더 정확하게는 시적 자아의 세계가 맞닿는 순간이다.

나에게 '시를 쓰는 행위'는 시적 자아의 자리를 살피는 것으로부터 시작된다. 시적 자아란 소설로 말하자면 등장인물이자 화자다. 시적 주체 역시 시 안에서의 발화자이며, 엄격한 의미에서는 주인공이기도 하다. 하지만 소설과 달리 시에서는 그렇게 간단히 정의 내릴 수 없다. 시는 허구가 아니기 때문이다. 시적 주체는 실제의 나다. 동시에 나보다 더 큰 '나'이며, 나보다 작은 '나'이다. 그 '나'는 세계를 나름의 방식으로 읽는 자이며 동시에 그 세계를 체험하는 자다. 정해져 있는 존재이면서 아이에서 어른으로, 남자에서 여자로, 인격에서 물격으로 변화한다.

무의식과 혼돈으로 가득 차 있던 시인의 내면은 시적 주체가 생겨남으로 해서, 구체성을 획득하고 질서를 갖는다. 시인이 되는 순간 자신의 내면에 하나의 세계를 갖게 되는 것이다. 이 세계는 시인이 어떤 독법으로 지금의 질서를 읽는가에 따라 결정된다. 세계를 읽는 방법은 무궁하다. 시인은 관찰을 통해서, 독서를 통해서, 특별히 발달된 감수성에 의해서 세계를 인식하고 익혀간다. 세계를 읽는 것은 시인이 반드시 해내야 하는 임무이다. 시인에게 필수적으로 요구되는 '자기만의 세계'란 바로 이것이다.

'자신만의 독법'을 통해 얼음과 같이 결정結晶이 되어가는 한 사람만의 세계. 내 시의 세계는 과거에 대한 향수와 신화와 시간이 관여한다. 그 공간에는 지금의 세계(현대와 물질화, 즉 변하고 자라는 것들)와 신화와 시간과 이야기의 세계(회귀, 즉 정신의 고향)가 맞닿아 있다. 이곳이 시인인 내가 의식, 무의식적으로 창조해낸 시적 세계이다. 내 시의 자아는 이 공간에서 초감각, 한편으론 초시공간적인 존재가 되어간다.

> 창가에 서 있던 사람은 K다. 그는 나와 눈이 마주쳤음에도, 물러서거나 시선을 피할 생각이 없어 보였다. 창밖에는 바람이 앞에서 뒤로, 쓰러질 것처럼 불고 있었다.
>
> 쏟아지는 것을 간신히 붙잡고 있었던 나는 백발의 K가 부러웠던 것 같다. 나에게는 그 시간이 아득했기 때문이다. 지난 햇빛이 타오른다. 불타버린 것은 두 번 다시 나타날 수 없다. 그래서 K의 회색 눈빛을 훔치고 싶어 했다고 치자. 나는 그때를 떠올릴 수 없고, 상상해내는 것도 힘들기 때문이다.
>
> ─유희경, 〈K〉 부분

민망함을 무릅쓰고 이 시를 옮긴 이유는 이 시가 좋은 시이기 때문이 아니라, 나의 시적 자아와 그 배경을 이루는 시적 세계가

'비교적' 분명하게 드러난 시이기 때문이다. 이 시를 쓴 나는 "백발의 K"를 만난 적이 없다. "K의 회색 눈빛"과 그 속에서 "타오"르는 "지난 햇빛"을 본 적이 없다. 그러나 그것은 '나'의 체험이다. 시 속 '나'는 내가 체험할 수 없는 것들을 체험한다. 그 순간, 새로운 세계와 그 세계를 관장하는 새 질서가 생겨난다. 시공간은 한데 모인다. 이곳의 '바깥'이자 그 '내면'인 시 속에선 너무 당연한 일인 것이다. 하지만 그곳은 나와 내 기억과 내 무의식, 모든 체험과 선체험, 추체험 들이 창조해낸 곳이다. '나'는 그곳에 서 있다. 그곳에 서서 K와 지난 시간의 햇빛을 본다. 시의 안이 시 바깥의 세계로 넘어온다. 은밀하게, 하지만 분명하게. 이것이 내가 기다리던 순간이다.

주체의 크기

앞서도 말했지만 시적 주체와 나는 동일하지 않다. 꼭 정신분석학의 힘을 빌리지 않더라도, 시인은 자신의 내면에 어떤 '존재'가 있는지 알고 있다. 그 존재는 모든 시에서 동일하게 나타나는 것은 아니지만, 어떠한 질서를 갖든 반드시 일관성을 갖는다. 그러니 시적 주체에 대한 파악으로부터 시 읽기를 시작해보자. 시적 주체는 시 속에 자신에 대한 단서를 남긴다. 시의 독자는 이 단서를 가지고 구체적인 인물 하나를 그려낼 수 있다. 시는 한 가지로 자신을 드러내지 않는다. 시를 쓰는 것에 있어서도 마찬가지다. 시는 시인 자신을 드러내지 않는다. 시인 자신을 시 속에 드러내려는 것은 시를 지배하려는 욕망에서 출발한다. 앞선 비유를 재인용하자면, 이것은 잘못된 거울이다.

   곰곰 생각해보면, 나의 시적 주체는 어리고 약하다. 몸이 자라고 나이가 들어가는 것과는 반대로 나의 시적 주체는 자라지 않을 뿐 아니라 이따금 더 어려진다. 까닭을 알 수 없이 성장이 멈춰버린 소년이다. 그렇기 때문에 세계는 점점 거대해져 간다. 세상을 바라보는 눈은 경외와 공포로 가득하다. 이 감정들은 나를 홀로 있다고 생각하게 만든다. 그로 인해 발생되는 감정들은, 그러나 낯설다. 경외와 공포를 통해 드러나는 낯섦. '나'는 시 속 '나'로부터 그런 것을 전달받는다. 내가 안도하는 세계는 기억이 안고 있는 '저편의 세계'다. 나는 이편의 세계에서 저편의 세계를 환기한다. 그 세계는 따뜻한 온도와 빛을 가지고 있다. 그러나 그곳은 갈 수가 없다. 어리고 여린 시 속의 나는 그래서 운다. 조금씩 체념과 단념을 배운다.

시인의 언어 사용법

이제 언어에 대해 이야기해보자. 이 과정은 시적 자아로부터 출발하는 것이기도 하지만, 시인의 손끝에서 나오는 예술의 한 형식으로서의 '시'이기도 하다. 우리는 언어를 통해서만 시로 들어갈 수 있고, 또 나올 수 있다.

   한 시인은 사전을 편집하면서 언어를 모았다. 훗날 그는 그것이 자신에게 가장 큰 자산임을 고백했다. 말놀이에 탁월한 재능을 가진 다른 시인은 어렸을 때부터 사전을 보는 것이 취미였다. 어떤 시인은 그날그날 기묘하게 와 닿는 단어를 모아두는 수첩을 가지고 다닌다. 그는 그 낯선 언어의 질감으로 시를 쓴다.

더 언급할 필요도 없이, 글을 쓰는 사람은 언어를 잘 알아야 한다. 문법 구사 능력을 높이고 활용하는 단어의 양을 늘리는 것뿐 아니라 언어의 구석구석을 살피기 위함이다. 과학에는 과학의 문법이 있고 문학에는 문학의 문법이 있다. 어떤 종류의 글을 쓰느냐에 따라 언어의 사용법 역시 달라진다.

시인은 자신만의 언어 사용법을 익혀야 한다. 어휘와 그 어휘로 구성하는 문장은 수적으로 한계가 있다. 하지만 시인은 그 한계를 모른다. 시인은 이것들을 그 누구보다 자유롭게 사용할 권리가 있기 때문이다. 시에서의 정확함은 과학적, 논리적 정확함과 다르다. 비문이어도, 한국어의 어순이 아니어도, 시인이 전달하고자 하는 바가 분명하다면 그 문장은 정확한 것이다. 또 시인은 보이지 않는 언어에도 익숙하다. 쉼표, 마침표 등의 문장부호는 물론 띄어쓰기나 리듬 같은 것이 이에 해당된다. 여러 시인의 시를 꼼꼼히 뜯어 살펴본 사람이라면 금세 알 수 있겠지만, 각각의 시인은 고유의 느낌을 가지고 있다. 심지어 동일한 형태의 문장에서도 다른 느낌이 살아난다. 이는 무엇보다 문장의 형태와 구성으로, 문장부호로, 리듬으로 만들어진다. 결국 (일반적인 의미에서의) 시는 문자로 드러나는 것이다.

언어 사용법을 익히는 최선의 길은 다작을 하는 것이다. 실패하든 성공하든 많은 습작을 통해 자신이 가지고 있는 특징을 찾고 그 특징을 정확하게 인식하면서 익혀야 한다. 흔히 습작생들이 필사라고 불리는 베껴 쓰기를 하는 까닭도 이 때문이다. 자신이 좋다고 생각하는 시와 시인의 문법을 익혀 그 특징을 자신의 것으로 삼으려는 노력이다. 이 두 가지 모두 시 쓰기를 위해서라면 큰 도움이 될 것이다. 단, 자신이 왜 이것을 하고 있는지 생각하면서, 타인의 시는 물론이고 자신이 '새롭게' 적어낸 시를 면밀히 살펴야 한다. 이 과정이 없이 그저 쓰고 베끼기만 해서는 아무것도 얻지 못한다.

나는 단어를 많이 아는 시인이 아니다. 익숙하지 않은 단어를 쓰는 것에 망설임이 많은 탓이다. 굳이 따지자면 언어에 있어 나는 탐험가가 아니라 몽상가이다. 하나의 단어를 만나면, 그 발음과 생김과 그것이 환기하는 이미지들을 떠올려본다. 그다음에야 그 단어를 내가 쓸 수 있을지에 대한 판단을 내린다. 그런 까닭에 각각 다른 내 시 속에는 동일한 특정 단어들이 퍽 자주 출몰하지만 같은 맥락에서 쓰이지는 않는다. 한 단어 속 숨어 있는 다양한 의미와 뉘앙스를 사용하기 때문이다.

예를 들어 우산이라는 단어에서 나는 둘이었다가 혼자가 된 사람의 곁이라든가, 조금씩 덮여가는 무덤이라든가, 먹장구름, 분실되어버린 편지, 손끝, 날개, 엎드려 있는 사람의 등뼈, 백열전구 등을 떠올린다. 이것들은 내 개인적인 체험 혹은 무의식 깊숙이 감춰져 있던 기억의 원형에서 유래한다. 비단 단어뿐이겠는

가. 내게 시의 모든 언어는 그러하다. 과학에서 언어의 불분명한 경계는 장애이자 불만이겠지만, 시에서는 그 뭉뚱그려진 테두리가 시 그 자체가 되기도 한다. 역설적으로, 그렇기 때문에 나는 구체적인 시어를 좋아한다. 구체적이고 보편적인 것은 더 많은 것들을 끌어올 수가 있다. 더 큰 울림을 갖는다. 사소한 것들이 확장될 때, 사람들은 더 많은 것들을 알고 느낄 수 있다고 믿는다. 내게 시는 나의 종합이다. 시를 씀으로 해서 나를 치유할 수 있다고 생각하지는 않지만, 나를 더 알 수 있음은 분명하다. 간혹 시를 쓰는 시간보다 한 단어에 골몰하는 시간이 더 긴 것은 이 때문이다. 내 속의 얄팍한 사전을 뒤적거리는 일, 그 단어들에 무한한 각주를 붙이는 일. 이 골몰의 시간은 내 시 쓰기의 핵심이다.

구조와 양식

시는 구조의 예술이다. 다른 여러 이유가 있겠지만 우선, 언어로 이루어진 장르이기 때문이다. 그렇다고 기타 언어 예술이 모두 시처럼 구조적인 것은 아니다. 시는 언어를 리듬으로, 음악으로 다룬다. 표면뿐만 아니라 내면 역시 그러하다. 그 은밀한 리듬은 시의 리듬을 타기 전에는 눈치채기 어렵다. 그래서 나에게 시는 생각의 리듬을 따라 움켜쥘 수 있는 문자 텍스트이다. 그 생각의 리듬은 내가 만드는 것이 아니라, 언어를 통해 독자가 만든다. 그러므로 언어는 시에서 제약으로, 한계로, 동시에 가능성으로 작용한다. 제약과 한계와 가능성은 순식간에 뒤바뀌기도 하고, 같은 의미가 되기도 한다. 무엇보다 언어는 그 스스로 규정(혹은 고정)될 수 없다는 점에 있어 '시'와 닮아 있다.

어떻게 고르든, 시에 노출된 문자들은 시인과 독자의 정서에 따라 규정된 의미로부터 자유자재로 확장한다. 시인이 시에 나무를 심어놓으면, 그 나무는 죽은 나무가 되거나 숲을 이루거나 마른 가지를 내밀거나 나뭇잎을 흔든다. 시인이 공중을 적으면, 독자들은 구름을 띄운다. 해와 달, 사이사이 촘촘한 별들이 가득하다. 그것은 체험한 것이기도 하고 체험하기 이전의 것이기도 하다. 시인들은 본 적도 들은 적도 없는 것들을 풀어놓기도 한다. 반면 질서는 안으로 숨는다. 시어와 시어 사이, 문장과 문장 사이, 행과 행 사이, 시는 다 말하지 않는다. 질서는 그 안에 있다. 개연과 부연과 설명마저도. 시는 말하지 않는다. 보여줄 뿐이다. 시를 읽는 독자는 특정한 주파수에 자신의 마음을 내맡겨 같이 흘러가게 한다. 감추는 것이 아니다. 징검다리를 건너는 사람을 생각해보자. 디딤돌은 중간중간 놓여 있지만 건너는 이는 돌이 놓여 있지 않은 곳까지 길로 상정하여, 방향을 잡고 다리를 건넌다.

이 리듬과 숨은 질서와 그로 인해 열리는 길을 시의 구조라고 한다. 그 구조는 눈에 보이거나 드러나 있는 것이 아니므로, 이 구조를 익히는 것은 쉽지 않다. 그것을 알려주는 것 또한 그렇다. 내 시집을 펼쳐본다. 곳곳에 드러나는 단추들과 힌트들. 구조는 이야기를 한곳에 머물지 않도록 하기 위해서 설계되는 것이다. 최소의 공간을 최대로 확장하는 방법을 전하기 위한 것이다. 미로는 그렇게 만들어진다. 최소한의 공간을 최대한의 길로 만들기 위해서, 나는 감추고 드러낸다. 시는 자발적인 독서다. 그러므로 어렵다. 주춧돌로 건물의 전체를 상상하게 만드는 일. 그게 시의 미학이고 시인의 의도이다.

퇴고의 내밀한 과정

퇴고는 시 쓰기의 과정 중 내가 가장 내밀하고 세심한 주의를 기울이는 작업이다. 모두가 알고 있는 것처럼, 퇴고는 모든 글쓰기의 마무리 작업이다. 거듭되는 반복과 번복은 지루하고 고되며 마무리 단계의 긴장감은 극에 달한다. 자신이 쓴 글을 몇 번이고 다시 읽는 일이 어찌 고역이 아니겠는가. 그나마 위안인 것은, 시는 짧다는 것이다. 짧다는 것은 그만큼 읽고 알아보는 데 걸리는 시간이 적다는 것을 의미하는 것이니, 다행이라면 다행이다. 그러나 시를 퇴고하는 데 걸리는 시간이 다른 글에 비해 적다고 생각하면 적잖은 오산이다. 시 쓰기에서의 퇴고는 창작보다 더 오랜 시간이 걸린다. 짧기 때문에 단어 하나, 문장 하나가 차지하는 비중과 밀도가 높다. 단어 하나의 교체로 시 전체가 무너지기도 한다. 탑에 벽돌 하나를 교체한다고 생각해보라. 탑의 규모가 클수록, 벽돌 한 장의 비중은 낮아지기 마련이다. 시는 높고 큰 탑이 아니다. 작고 아름다운 탑이다.

초고가 나오면 그것을 소리 내어 읽는다. 가까운 이에게 부탁하여 소리로 들어본다. 시와 거리를 두기 위해서이다. 시는 개인의 기록이지만, 개인만의 기록이어선 안 된다. 리듬을 방해하는 것은 물론, 지나치게 은밀하여 의미를 숨겨버리는 경우를 찾아낸다. 경우에 따라서 시 전체를 뒤집는 일도 생긴다. 아예 시를 버리는 경우도 허다하다. 그러나 새로 쓰는 과정 역시, 나에게는 퇴고다. 처음의 시 그 자체는 버려지지 않는다. 시에 있어 언어는 외피에 불과하다. 이때 나의 집중력은 최고조에 이른다. 지나치게 예민하고 지나치게 슬퍼진다. 이따금 나는 내가 어디에 있는지조차 잊는다. 이때 시는 내 정신의 궤적이고, 나는 그 안에 갇힌 사람이다. 단어의 정서들을 통일시킨다. 때에 따라서 큰 것에서 작은 것으로 간다. 그 반대의 경우도 있다. 언어가 아름다워지기 위해서가 아니라 시가 아름다워지기 위해서, 과감하게 지워버리고 잊는다.

맺으며

지금까지 나는 시에 대해, 그 시를 언어로 표현하려는 나의 발버둥에 대해 이야기했다. 이 글을 시작하면서 암시했던 고민들은 글을 맺으려는 지금에도 그리고 이후에도 끊이지 않을 것이다. 나는 온통 질문으로 가득한 내 시 쓰기에 대한 질문이 점점 더 불어날 것을 알고 있다. 순차적으로 설명해보려고 했으나, 그 설명이 예정된 실패였던 것도 이 때문이다. 나는 답을 말하려 하지 않았다. 내가 알고 있다고 생각하지 않기 때문이다. 그렇다고 이 글을 통해 답을 구하려 하지도 않았다. 그것 역시 불가능하다는 것을 나는 잘 알고 있다. 시는 설명할 수 있는 것이 아니며, 부연과 주석을 필요로 하지 않으므로. 내 시는 내가 쓴 것이지만, 기어코 읽는 자에 가서야 완성이 되는 것이므로. 이 글 역시 마찬가지다. 그러니 이제 와 나는 바랄 뿐이다. 이 글이 시에 대해 더 큰 오해를 불러일으키지 않기를. 그리고 혹시라도, 이 글을 통해 용기를 낸 누군가에 의해 시 쓰기가 시도되기를.

나는 판결문을 어떻게 쓰는가

판결이라는 글쓰기, 법관의 천형
변호사 정인진

법관의 주된 일은 '판결 쓰기'

법관은 판결로만 말한다고 한다. 그 말이 맞다면 판결은 법관이 가지는 유일한 언어다. 법관은 사법권이라는 권력을 행사하는 방식으로 판결이라는 기호 체계를 부여받은 셈이다. 즉 글쓰기를 통해 권력을 행사하는 것이다.

시사만화에서는 종종 법관을 머리에 문양이 그려진 모자를 쓰고 법대 뒤에 앉아 방망이를 내리치는 사람으로 그린다. 그러나 법관에게는 그런 모자도 없고 방망이도 없다. 법정에 앉아 있기도 하나, 그건 일주일에 하루나 이틀뿐이다. 만화에서의 이미지와는 다르게 법관은 기본적으로 사무실에 앉아 판결을 쓰는 사람이다. 법관은 '판결 써야 하는데' 왜 회의를 이렇게 오래 하냐고 동료에게 투덜대고, '판결 쓸' 시간도 없는데 무슨 여행이냐고 아내를 나무라고, '판결 쓰다가' 다 보내버린 세월이 억울하다며 친구에게 하소연한다. '판결은 잘 쓰지만' 인간성이 틀려먹었다고 욕을 먹는 법관이 있는가 하면, 사람은 좋은데 '판결이 좀 시원치 않은' 법관도 있다. 법관에게 판결은 그의 직업적 모습의 대부분이라고 해도 좋다.

법관 생활은 3인 합의부의 배석판사로서 부장판사를 만나 판결을 쓰는 것으로 시작된다. 부장판사는 배석판사를 판결로 지도한다. 새로 짜인 재판부에서 처음 만난 배석판사가 어떤 사람인지, 제대로 공부를 했는지, 제대로 된 법관 경력을 쌓아왔는지는, 그가 맨 처음 써내는 판결을 보면 바로 알 수 있다. 경력 높은 법관들이 다소 과장을 섞어 말하기로는, 가장 쓰기 쉽다는 자백간주 판결(피고가 원고와 주장을 다투지 않아 원고의 일방적 주장을 그대로 받아들여 내리는 판결) 하나만 읽어보아도 판사의 실력을 판단할 수 있다는 것이다. 반대로, 새로 짜인 재판부에서 만나게 된 부장판사가 어떤 사람인지는, 배석판사가 써낸 판결의 초안이 돌아올 때 그 모습이 어떤지를 보면 바로 안다. 전혀 손을 안 대는지 아니면 손을 대는지, 손을 댄다면 꼭 필요한 곳만 고치는지 아니면 완전히 자기 스타일로 만드느라 난도질을 해놓는지, 이런 것을 보면 부장판사와 보낼 앞날의 윤곽이 잡힌다.

   법관의 일과는 법정에 나가는 것을 빼고 나면 대부분 기록을 보고, 판결문을 작성하고, 작성된 판결문을 검토하는 것이다. 거의 모든 법관은 주중뿐만 아니라 주말에도 일을 하고, 매일 사무실에서 야근을 하거나 퇴근하더라도 집에서 일을 하는데, 그 일의 내용이란 판결문 작성이거나 기록 검토다. 법관 재직 중에 나는 소속 법원의 판사들 전원에게 보자기를 나누어주는 법원장을 만난 일이 있다. 그 보자기는 기록을 싸 가지고 가서 집에서도 일을 하라는 뜻으로 준 것이었다. 그래서 법관 생활은 '보따리 장사'다.

   법관들은 과중하다 못해 살인적인 업무에 시달린다. 이 과중한 업무량은 법관의 자랑이기도 하지만 피할 수 없는 천형이다. 법관의 경력 중에서도 가장 고생스러운 때는 고등법원의 배석판사 노릇을 할 때인데, 대부분의 고등법원 판사들은 고등법원 재직 기간 중 한 번이나 두 번쯤 몸에 심각한 고장을 일으킨다. 그래서 서울고등법원의 별명은 서울고생법원 또는 서울고등학교다.

나는 변호사가 된 뒤에, 이미 40대에 들어선 어느 고등법원 판사에게서 받은 문자메시지에 가슴이 아팠던 일을 잊지 못한다. 그 문자메시지는 이랬다. "몸이 부서지도록 아픕니다. 아직도 판결 다 못 썼는데······." 판결을 다 못 썼다는 말은, 기말고사가 내일인데 아직 책 한 장도 읽지 못했다는 것쯤 된다. 아니, 그보다 더하다. 시험은 제 일이니 못보면 그만이지만, 판결을 제 날짜에 선고하지 못한다는 것은 법관에게 있을 수 없는 일이다. 써도 써도 기록은 끝없이 올라오고, 떼어도 떼어도 사건은 한없이 배당된다. 담배꽁초는 재떨이에 수북한데, 밤은 이미 지나 동이 훤히 터오는데, 몸은 파김치가 되다 못해 이제 가슴이 저릿저릿 아파오는데, 아직도 완성하지 못한 판결을 놓고 기록을 읽는 심정은 참담하기만 하다. 그것도 모자라 어떤 법관들은 야근이 아니라 '조근'을 한다. 밤새 사무실에서 기록을 보고 판결을 쓰다가, 아침이 되어서야 퇴근해서 옷 갈아입고 밥 먹은 뒤 다시 출근하는 것을 가리키는 신조어다.

권력 행사 혹은 화두

내 경험으로 말하면, 판결 쓰기는 정해진 시간에 하는 노동이 아니었다. 무슨 화두 같았다. 몽중일여*, 오매일여**까지야 갔겠는가

---

* 화두가 꿈속에서도 변함없이 들리는 경지
** 화두가 깨어 있을 때나 깊은 잠에서나 한결같이 들리는 경지

마는, 동정일여˚에 비슷하기는 했을 게다. 낮에도 밤에도, 판사실에서도 집에서도, 주중에도 주말에도 판결 중 어려운 대목을 놓고 무언가 머릿속에서 복잡한 검토가 끊이질 않는 것이었다. 세수를 하다가도, 전철 속에서 광고를 바라보다가도, 아침에 산책을 하다가도 다르지 않았다. 기록을 다 읽어보고 판결은 내일 쓰자며 잠자리에 누웠는데 머릿속에서 무슨 자동기계라도 돌아가듯 판결문이 줄줄 쏟아지기에, 혹시 그걸 잊어버릴까 싶어 도로 일어나 판결을 쓴 일도 드물지 않게 있었다. 부장판사가 되고 나면 대개 판결을 쓰지는 않고 배석판사가 써가지고 오는 판결을 검토하기만 하는데, 어느 날엔 기록을 너무 열심히 보고 나자 판결문이 대강 머릿속에서 완성되기에 그게 아까워서 그 자리에서 판결을 써버린 일도 있었다. 주심인 배석판사로서는 횡재를 하는 셈이었을 게다.

판결은 당사자에 대한 권력 행사다. 그에게 중요한 것은 판결의 결론이다. 그런데 판결의 이유는 그다지 쓰기 어렵지 않으나 결론을 못 내려 망설이는 경우가 있다. 나는 단독판사 시절에 법정에 나가기 5분 전까지도 주문(판결의 결론)을 쓰지 못하고 고민한 일이 있었다. 그날 판결을 선고받을 피고인 중 한 사람에게 집행유예를 선고할지 실형을 선고할지 결심을 못 해서였다. 결국, 어려울 땐 관용의 길을 택하라는 법언을 따르고 말았다. 어떤 이혼

˚ 움직이거나 가만히 있거나 다름없이 화두가 항상 들려 있는 경지

청구 사건에서는 한 달을 넘게 매일 고민하곤 했다. 한센병에 걸린 처를 수용소로 보낸 남편이 20년이 훨씬 지나 처를 상대로 이혼을 청구한 사건이었다. 이미 다른 여자를 얻어 그 사이에 낳은 자식이 결혼할 나이에 이르자 부득이 호적을 정리해야 한다는 것이 제소 이유였는데, 과연 나라면 한센병 환자인 처를 버리지 않고 평생의 반려자로 남길 수 있을지 도저히 자신이 없었기 때문이었다. 결국 이를 앙다물고 이렇게 써내려갈 수밖에 없었다. "청구인(남편)의 청구는 받아들일 수 없다. 이것은 혼인서약을 한 배우자의 일방이 타방에 대하여 지켜야 할 윤리적 기대치에 미치지 못한다." 나는 아직도 그 사건의 결론이 옳았는지 자신이 없다.

판결 쓰기는 글쓰기 중에서도 여느 것과 다른 독특한 성격을 지닌다. 판결은 공문서다. 그것은 내면의 고백도 아니고 사실을 기술하는 보고서도 아니고 허구적 갈등을 그려내는 문학작품도 아니다. 소송은 다툼이다. 다툼은 보통 밥을 놓고 벌어지지만, 명예나 신분이나 자유를 놓고 일어나기도 한다. 지면 돈을 내야 하거나 불명예를 안거나 신분이 바뀌거나 교도소로 가야 하는 것이 소송이며, '시시한 소송' 같은 것은 당초에 없다. 송사를 한 번이라도 해본 사람은 그게 얼마나 괴로운 일인지 안다. 판결은 그 괴로운 일의 최종 결과물이다. 판결은 국가권력을 대변하는 것이며, 다툼을 공적으로 해결 짓는 법원의 의사표시다. 판결은 포즈가 아니고 수사가 아니다. 판결에서 보이는 갈등은 허구가 아니라 피 튀는 현장에서의 다툼이며 승부를 놓고 벌어지는 싸움이다. 판결문의 원본에는 반드시 법관이 개인 도장을 찍게 되어 있다. 이런데도 법관이 판결 앞에서 중압감을 느끼지 않는다면 그는 비양심적이거나 신선이 되어 있거나, 둘 중 하나일 것이다.

난해하기 짝이 없는 판결, 무기는 상식과 논리

판결은 항상 결론을 가진다. 판결은 당사자 중 누가 옳고 누가 그르다고 선언하는 문서이다. 그 결론이 가지는 무게 때문에 법은 판결에 반드시 이유를 붙이도록 규정하고 있다. (민사소액사건에서는 예외가 있다.) 이 점에서 판결은 다른 공문서와 크게 다르다. 판결의 이유는 대부분 길고 복잡하다. 때로는 이해하기 어렵다. 법관의 판결 쓰기가 어려운 것은 결론을 내기 어려워서이고, 그 결론을 정당화할 이유를 붙이기 어려워서이다. 권력을 행사하되 문자로 설득하라는 이 어려운 주문 앞에, 법관은 늘 전전긍긍한다. 마지막을 매번 도장 찍기로 마감하는 이 독특한 글쓰기 방식은 법관의 고민을 단적으로 드러낸다.

　판결의 복잡한 구문은 악명 높다. 좀 오래된 것이긴 하나, 1969년도에 나온 다음 판결문을 한번 읽어보시라. "직권으로 살피건대 기록에 의하면 원심이 피고의 원고의 적법한 소원절차를 거쳤음을 다투지 않았음을 뒤집고 다시 한 본안전항변을 물리치며, 그 자백이 진실에 반하고 착오에 기인되었다는 입증이 따르지 않는다고 판단하였음이 명백하니 이는 행정소송(무효선언의 의미의 취소를 구한다고 하더라도) 제기에 있어서 소원 제기의 유무가 그 소송요건이 되며 그 소송요건은 법원의 직권심사사항에 속하며 당사자의 자백의 대상이 될 수 없음을 원심이 보아 넘긴 위법을 일으켰거나 아니면 이로 인하여 이유불비의 허물을 남겼다고 아니할 수 없어……" 이 글의 뜻은 대충 이러하다. "(당사자가 상고 이유로 내세운 문제는 아니지만) 직권으로 살피겠다. (이 사건에서) 피고는 당초에 적법한 소원절차訴願節次를 거쳤다는 원고의 주장을 이의 없이 인정하였다. 그러더니 나중에 가서야 '원고가 소원절차를 거치지 않았다'라면서 이를 본안전항변(소송요건이 흠결되었다는 피고의 항변)으로 내세웠다. 원심은 '피고의 당초 인정행위(자백)가 진실과 다르고 또 착오에 빠져 한 것이라는 증거가 없다'라고 판단하여 피고의 본안전항변을 물리쳤다. 그런데 행정소송을 제기하려면 그에 앞서 먼저 소원을 제기하여야 하고, 법원은 원고가 이러한 소원을 제기했는지 아닌지에 관하여 피고가 인정을 하든 안 하든 간에 직권으로 심사하여야 하는 것이다. 따라서 원심으로서는 소원을 거쳤는지 아닌지를 놓고서 당사자인 피고의 인정(자백) 여부에 구애받을 것이 아니라 사실이 어떤지를 심리하였어야 한다. 그렇게 하지 않았으니 이는 법을 어겨 판결한 것이 되거나 그게 아니라면 판결에 이유를 제대로 붙이지 못한 셈이 된다."

우습게도, 이렇게 복잡한 문장은 훈련의 결과다. 멀쩡한 문장을 쓰던 사람도 사법연수원 과정을 거치면서 법조계의 그 복잡한 문장 쓰기를 배우게 되고, 결국에는 그것을 자기의 문체로 받아들인다. 겨울날 사무실에서 판결을 쓰다가 문득 창밖에 눈이 내리는 광경을 본 법관들은 "오늘같이 첫눈이 내리는 날, 우리는 각 밖으로 나가서 각 애인을 만나야 하는데 왜 이렇게 각 일을 하고 있는지 모르겠다."라고 농담을 한다. 판결문에 적힌 동사의 주어 또는 목적어가 한 개가 아니라 여러 개일 경우 그 주체나 객체에 대한 법률요건의 충족이나 법률효과의 귀속이 각각 이루어진다는 것을 표현하기 위해서는 '각各'이라는 부사를 빠뜨리지 말아야 한다고 귀에 못이 박이도록 듣다가, 급기야 아무 데나 '각'을 붙이게 되는 것을 넌지시 자조하는 농담이다.

도대체 판결은 왜 그렇게 복잡하고 긴가? 판결은 상식으로 뒷받침되기 때문이다. 상식이 복잡하다고? 그렇다. 법관이 알고 있는 상식이란 법 공동체 내의 누구든지 승인하는 이치다. 판결은 복종되기보다는 승복되어야 한다. '칼도 지갑도 없는' 사법부가 내리는 판결이 가지는 권위는 오직 논리와 상식으로 뒷받침될 뿐이다. 그러기 위해서는 판결의 결론에 이르는 단 한 개의 사유 과정도 판결문에서 빠뜨릴 수 없다. 지는 쪽의 주장은 단 한 개도 남김없이 전부 배척해야 한다. 네 말이 전부 틀렸다고 설명해야 한다는 것이다. 이기는 쪽의 주장도 다르지 않다. 그의 주장을 받아들여 어떤 결론에 가기 위해서는 그 과정에서 단 한 개의 벽돌, 단 한 발짝의 걸음도 생략할 수 없다. 진 쪽의 변호사가 눈이 밝은 이라면, 그는 판결을 이리저리 살피다가 허투루 밟은 논리의 구멍을 찾아내면 전동드릴이라도 들이대듯 무자비하게 공격해 판결을 깰 것이다. 그래서 법관은 판결에서 펴는 논리에 조그만 흠이라도 없애려고 사력을 다한다. 그런 판결이 간단해질 리가 없다.

판결은 논리다. 그런데 어떤 사건에서 법관들은 이유를 찾아 결론을 내기보다는 먼저 결론을 내리고 다음에 이유를 찾아간다. 아마 이 진술에 사건의 당사자들은 펄쩍 뛸 것이다. 뭐? 법관이 결론부터 먼저 내린다고? 종종 그렇다. 어떤 사건에서는 논리가 결론을 위한 포장물이 되는 일이 가끔 있다. 미국 대법원의 위헌심사권을 세운 최초의 선례는 마버리 대 메디슨 사건의 판결이다. 그 사건에서 마셜 대법원장은 누구나 수긍할 만한 것으로 보이는 논리를 내세워 그의 정적政敵이 원하는 결과를 주면서 그 반대급부로 법원의 위헌심사권을 얻어냈다. 그는 먼저 위헌심사권을 가지겠다는 결론을 내리고 이어서 이유를 써 내려간 것이다. 그의 논리적 연금술은 궤변이지만 그 궤변은 사법사에 길이 남을 이정표가 되었다. 무릇 글의 두 기둥이 진실과 논리라면, 판결은 때로 논리로 포장된 진실이기도 하고 때로 논리 없는 진실이기도 하다. 재판에 진 이들 중 몇은 판결을 진실 없는 논리 또는 진실도 논리도 없는 헛소리라고 욕하겠지만.

최소한의 수사로, 암시도 비유도 없이

판결에서 인정하는 사실, 법적인 효과가 나오는 전제로서의 사실을 인정하는 과정에 관해서 이야기하자. 우선, 알쏭달쏭하게 들리겠으나 나는 이렇게 말하겠다. 사건의 진실이 무엇인지, 그것은 실상 알 수 없다. 법관에게 진실이란 증거법의 테두리 내에서 인정되는 한정된 사실일 수밖에 없기 때문이다. 적어도 소송법적으로는, 증거라는 도구로 진실이라는 화석을 캐는 것이 이른바 사실인정의 작업이다. 그러나 실제에 있어서 사실은 화석으로 새겨져 있는 것이 아니다. 증거가 없는 경우도 있고 증거를 믿기 어려운 경우도 있다. 증거가 없는 경우 누가 책임을 지도록 할 것인지, 이런저런 증거가 있을 경우 어느 증거를 더 믿을 것인지를 논하는 것이 증거법칙인데, 이는 상식과 확률의 법칙일 뿐이다. 그리하여 법관이 증거와 증거법칙에 의하여 파악한 사실과 객관적인 사실로서의 진실은 필연적으로 어긋나게 된다. 그렇다고 해서 법관이 자기 자신의 직관적 판단만을 믿어, 증거와 증거법칙을 바탕으로 삼아 형성되어야 마땅할 심증의 금을 벗어난다면 그 순간 법관은 위험한 독단의 세계, 상식을 벗어난 아집의 세계로 빠질 가능성에 노출된다. 법에서 말하는 '실체적 진실'이란 그러므로 일종의 관념이며 이념에 불과하다. 어쩌면 의도적 오류라고 할 수도 있다. 판결은 이런 위악적 태도로 최소한의 상식과 논리를 지켜가는 것이다. 구체적 타당성의 대척점에 서 있는 법적 안정성이란 아마 이러한 상식과 논리의 세계일 것이다. 법 공동체의 질서와 안정은 이렇게 지켜지는 것이라고, 법관들은 믿고 있다.

이 심증 형성의 자유는 법으로 보장되어 있다. 자유심증주의라는 이 원칙은, 심리 과정에서 형성된 사실심 법관의 심증은 탓할 수 없다는 것을 내용으로 한다. 달리 말하자면 법관에게 사실인정에 관한 절대적 권한을 부여하는 것이다. 여기에 걸어놓은 견제 장치라고는 경험칙과 논리칙밖에 없다. 경험칙이란 세상 살면서 경험하게 된 원칙이라는 것이고, 논리칙이란 논리적인 사고의 법칙을 말한다. 예를 들어, 일억 원의 채무를 말 한마디로 면제해 주었다는 주장이나 증언 따위를 법관은 믿지 않는다. 경험칙은 인간이 이기적인 행동 방식을 가지고 있다는 인식을 바탕으로 한다. 이기적인 인간이 이유 없이—이타적 이유 같은 것은 이유가 아니다—일억 원의 권리를 포기할 리 없다는 것이 경험칙이다. 일억 원이나 되는 채무를 면하게 되었다면 문서를 받아두었을 텐데 그런 문서가 없다면 일억 원이 포기되었다고 인정할 수 없다는 것이 논리칙이다. 그리하여 진실과 사실은 때로 어긋날 것이다. 그래도 할 수 없다.

판결엔 부사와 형용사의 사용이 늘 절제되어 있다. 수사법 따위는 들어올 틈이 없다. 원고가 피고에게 준 돈의 액수는 정확해야 한다. 막연히 "막대한 액수의 돈을 주었다."라고 해서는 안 되는 것이다. 가슴을 저미는 사랑 따위도 판결에서는 묘사하는 일이 없다. "원고와 피고는 서로 사랑하였다." 따위의 문장은 판결에서 존재하지 않는다. 그들은 교제하거나 통정하거나 혼인할 뿐이며, 그게 아니면 교제를 중단하거나 통정 관계를 끊거나 이혼할 뿐이다. 어떠한 사랑에도 진실은 있다고? 그럴 것이다. 그러나 그 사랑의 상대가 다른 사람과 혼인 관계에 있을 경우 어쩌면 생애 최대의 결단이었을지도 모를 그의 행위는 판결에서 "1회 성교하여 간통하였다."라고 건조하게 표시될 뿐이다. 거기에 은유와 직유의 자유 같은 것은 허용되지 않는다. 생략이 주는 강한 암시적 효과 따위도 의도될 수 없다. 만약 그럴 경우 그 판결은 이유 불비의 위법을 저지르는 것이며, 파기를 면할 수 없다. 이것은 판결이, 그리고 판결이 표상하는 법률생활이 인간의 삶에 있어 가장 원초적인 기반을 지키려는 노력이기 때문이다. 판결은 삶의 가장 중요한 바탕을 움켜쥐려는 인간의 벌거벗은 모습을 드러낸다. 그러기에 아무리 아름다운 말을 하던 사람, 아무리 아름다운 행동을 보여주던 사람도 법적인 분쟁에 이르면 모두 어눌하고 초라한 모습을 보일 뿐이다.

이렇게 피도 눈물도 보이지 않을 것 같은 판결의 세계에서, 가끔은 예외가 있다. 1977년의 한 대법원 판결에서 다수의견에 맞서 어느 대법관이 소수의견을 밝히며 그 의견의 마지막에 빚어 놓은 다음의 문장은 두고두고 화제가 되었다. "한 마리의 제비로서는 능히 당장에 봄을 이룩할 수 없지만 그가 전한 젊은 봄은 오고야 마는 법, 소수의견을 감히 지키려는 이유가 바로 여기에 있는 것이다." 하지만 그 정도의 수사도 필자가 대법관이었기에 양해되었던 것이 아닐까 싶다. 하급심에서 그런 언사를 농하였다면 아마 그는 '튀는' 법관, 돌출 행동을 할 위험이 있는 인물이 되고 말았을 터이다. 엄혹한 시절이었던 1985년, 비상계엄군법회의의 재판권에 관한 문제를 두고 대법원이 다수의견과 소수의견으로 갈렸을 때 소수의견을 집필한 이일규 대법관은 글 끄트머리에 "나로서는 다수의견이 헌법 정신에 눈을 뜨지 못하여 헌법적 감각이 무딘 점을 통탄할 따름이다."라고 썼다. 그때 법관들은 한편으로 군사정권을 향한 그 일침에 무척 고소해 하면서도 다른 한편으로 무척이나 놀랐다. 판결에서 다른 법관들에게 그 정도의 말을 하는 것도 거의 금기사항인 법원의 분위기 때문이었다. 법관의 판결은 그토록 조심스러운 것이다.

차가운 머리만이 아니라 따뜻한 가슴도 함께

오래 전 한번은 이혼 사건의 판결에서 우리 부의 배석판사가 "피신청인은 '여호와의 증인'이라는 종교를 믿었고, 이를 이유로 제사를 지내지 않아 시부모와 갈등을 일으켜 그 결과 신청인(남편)과 불화하게 되었다."라고 쓴 것을 보았다. 나는 그것을 "피신청인은 '여호와의 증인'이라는 종교를 믿는다는 이유로 제사를 지내지 않아 시부모와 갈등을 일으켰고 그 결과 신청인과 불화하게 되었다."라고 고쳐놓았다. 앞의 문장으로 구성하면 특정 종교를 믿는 것이 이혼 사유가 되는 듯이 읽힐 것 같기에, 그걸 피하기 위해서였다. 어느 종교에 대한 사회적 인식이 어떻든 또 누가 무슨 종교를 믿든, 법원은 중립적인 입장을 지키고 있음을 보여야 한다는 것이 헌법상 기본권인 종교의 자유를 염두에 둔 내 견해였다. 다만 그로 인하여 제사 문제를 놓고 시부모와 갈등을 일으키고 나아가 남편과 불화한다면 그것은 이혼 사유에 해당할 수도 있다는 것이 우리의 결론이었다. 판결의 문구 하나하나에 극도로 신경을 쓴다는 것은 바로 이런 것을 말함이다.

경우는 조금 다르지만, 이렇게 신경을 쓰는 것도 본 일이 있다. "원심은 그 판시判示*의 이유로 피고인의 판시 행위가 그 판시의 법조에 해당한다고 판단하였는 바, 기록에 대조하여 보면 거기에 논지가 주장하는 위법이 없다." 그대로 읽어서는 도대체 피고인이 무슨 행위를 하였고 그것이 어떤 법을 위반하였다는 것인지, 원심법원이 그렇게 판단한 이유가 무엇인지, 나아가 대법원은 왜 원심법원의 판단이 옳다고 하는지, 도무지 짐작도 못 하게 써놓은 이 판결은 아예 소통을 포기한 듯 보인다. 이 판결의 배경에는, 문제의 처벌 법규가 악법으로 이름난 긴급조치**였다는 사정이 있었다. 피고인의 행위를 구체적으로 판결문에 적어놓기가 껄끄러웠던 어느 대법관이 '적당히 넘어가는' 방식으로 쓴 판결의 예다. 이런 것도 조심성이라고 할 수 있을까. 모를 일이다. 남의 말을 자꾸 해서 미안하지만, 아무리 조심을 해도 그렇지, 읽고 있자면 법관인 나마저도 답답해지는 판결이 있었다. 거기엔 "비록 민주주의의 원론을 이야기한다고 하더라도 그 이야기를 하는 여건에 따라서는 범죄가 될 수 있다."라고 쓰여 있었다. 계엄령이 선포된 상황에서 민주주의가 무엇인지를 주제로 예배당에서 설교를 하던 목사가 계엄법 위반죄로 기소된 사건이었다. 다행히도 지금은

---

* 판결 중 어떤 사항에 대하여 판단하여 보임.
** 유신 헌법에서 대통령이 국정 전반에 걸쳐서 내리던 특별한 조치. 국민의 자유나 권리의 일부를 제한하거나 정부, 국회, 법원의 활동을 제한할 수 있다.

그런 어거지 판결을 쓰는 시대가 아니라고, 나는 믿는다.

남의 판결 이야기를 하나만 더 하련다. 2006년에 나온 어느 고등법원의 판결은 이런 문장을 담고 있었다. "홀로 사는 칠십 노인을 집에서 쫓아내달라고 요구하는 원고의 소장에서는 찬바람이 일고, 엄동설한에 길가에 나앉을 노인을 상상하는 이들의 눈가엔 물기가 맺힌다. 우리 모두는 차가운 머리만을 가진 사회보다 차가운 머리와 따뜻한 가슴을 함께 가진 사회에서 살기 원하기 때문에 법의 해석과 집행도 차가운 머리만이 아니라 따뜻한 가슴도 함께 갖고 하여야 한다고 믿는다." 아름답지 않은가. 나도…… 그런 판결을 쓰고 싶었다. 그러나 그러지 못했다. 소심한 내겐, 따뜻한 가슴으로 자칫 법을 어길지 모른다는 두려움이 더 컸기 때문이었다.

법관의 글쓰기는 그에게 천형이다. 오늘도 그 천형을 달게 받아, 어두운 밤 쓰고 또 쓰고 있을 그들을 생각하며, 나는 가슴이 시리다.

나는 카피를 어떻게 쓰는가

쓰는 것 이전의 발상이 카피의 99%
카피라이터 손수진

카피는 과연 글인가

카피를 어떻게 쓰냐니. 질문을 받고 나서 한참을 생각하고도 멍한 정신은 돌아올 기미가 보이지 않는다. 하얗게 뜬 워드 문서에 커서만 깜빡깜빡. 카피라이터로 밥 벌어먹은 지가 근 10년째인데, 카피를 어떻게 쓰는지에 대해 한 글자도 토해내질 못하겠다. 그리고 이어지는 반성. 그동안 도대체 나는 어떻게 카피를 쓰고 있었던 거지? 광고주의 채찍질과 경쟁 PT라는 부담감이 없으면 쓰지 않는 것이었나? 아니, 그 전에 먼저 생각해봐야 한다. 과연 카피는 쓰는 게 맞기는 한 걸까?

카피를 글의 한 종류로 볼 것인가, 말 것인가. 카피만 놓고 보자면 대체적으로 문자 형태의 결과물이 나오는 걸 보아서는 글이라고 할 수도 있을 것 같다. 하지만 사람들이 카피를 온전히 글로써 '읽는' 경우는 거의 없는 걸 생각하면 고개가 갸웃거려진다. 물론 카피라이터는 글—이라기보다는 문장이나 단어—의 형태로 카피를 내놓는다. 하지만 그건 그저 광고가 만들어지기 전의 중간 단계일 뿐이다. 사람들이 광고 카피를 인식하는 것은 배경음악이나 효과음 등의 요소와 함께 성우의 목소리를 통해 '듣거나', 그래픽으로 표현된 이미지를 통해 '보게' 될 때이다. 그나마도 카피가 의미를 가진 메시지일 때는 '글'이라 우길 수도 있겠지만, 카피가 그저 아무 의미 없는 의성어나 외마디 비명일 때, 이모티콘이나 낙서에 그칠 때도 카피를 글이라 할 수 있을까?

왜 이 문제를 이리도 따지고 드느냐 하면, 카피라이터가 갖고 있는 '카피'에 대한 입장 차이가 개개인의 창의성과 능력 이전에 어떤 카피를 쓰는가를 좌우하기 때문이다. 분명한 건, 카피는 스스로 완성된 하나의 글이나 창작물이 아니라는 사실이다. 카피는 광고 크리에이티브의 일부이며, 광고의 목적과 효과를 극대화하기 위한 기능을 해야 한다. 결론부터 말하자면, '내 글을 쓰는 창작자'의 자의식만으로는 카피를 쓰기 힘들다. 카피라이터에게 자신만의 문체는 필요 없다. 자신만의 생각과 발상이 필요할 뿐이다.

가장 상업적인, 너무나 상업적인

광고 카피라이터의 선조를 한반도에서만 국한시켜 따져본다면 아마도 저잣거리 엿장수와 약장수가 될 것이다. '둘이 먹다 하나가 죽어도 모를 울릉도 호박엿'부터 '애들은 가, 이거 한번 잡숴 봐'까지, 이 얼마나 주옥같은가. 이 표현들이 세대를 지나 관용적으로 굳어져서 그렇지 난생 처음 저잣거리에 나간 꼬마라고 생각해보자. 가위 짤랑거리는 소리에—지금으로 얘기하면 사운드 이펙트 되시겠다—고개를 돌려보니 엿판을 목에 건 엿장수가 '둘이 먹다 하나가 죽어도 모를 울릉도 호박엿'이라며 눈앞에 엿을 흔들어댄다. 세상에 옆집 영희가 먹다 죽어도 모를 만큼 정신 팔릴 맛이라니 얼마나 엄청날까. 꼬마는 결국 엿장수의 '꼬임'에 넘어가 몰래 집에서 숟가락을 가져다가 엿이랑 바꿔 먹고 볼기짝을 얻어맞는다는 뻔한 이야기다. 어디 이런 꼬임에 넘어가는 것이 애들뿐이랴. 약장수는 차력사를 등장시켜 시선을 끌더니—말하자면 원빈, 현빈, 김태희, 전지현 같은 빅모델이다—'애들은 가!' 라고 일갈한다. 애들은 가. 이 얼마나 강렬하면서도 많은 함의를 담고 있는 카피인지. 우선 물건을 팔 대상을 '어른들'로 명확히 하는 동시에 아이들은 들으면 안 될 것 같은 19금 뉘앙스를 교묘하게 풍기는 고도의 전략적 언어다. 이 '애들은 가'에 버금가는 카피를 요즘 광고에서 찾아보면 아마도 '남자한테 참 좋은데……어떻게 말할 방법이 없네.' 정도가 아닐까.

쌈짓돈을 끌어내기 위해 장사치가 사람을 꼬드기던 말들은 산업화 시대를 통과하면서 카피라이터의 몫이 되었다. 카피라이터는 기발한 문장, 강렬한 단어, 세련된 뉘앙스를 고민하기 이전에 카피를 쓸 때, '소비자의 지갑을 열 방법'을 먼저 고민할 수밖에 없다. 카피는 태생부터가 상업적이다. 그러므로 내가 아무리 아름답고 현란한 문장을 구사할 줄 알아도, 엄청나게 기발한 말장난을 생각해냈다 해도, 그게 물건을 파는 데 별 도움이 안 된다면 속물 같고 식상하고 아름답지 않고 유치하더라도 '팔릴 만한' 방법을 다시 고민해야 하는 것이다. 어쩌겠나. 결국 광고는 상업주의의 화려한 자식인 것을.

먼저 유혹의 대상을 알아야 한다

광고란 것이 지갑을 열기 위한 유혹이고, 카피는 그 유혹의 말이라면 카피를 잘 쓴다는 건 유혹을 잘한다는 것일 터. 유혹을 잘하려면? 너무 당연한 얘기라 쓰기도 민망하지만 유혹의 대상을 잘 알아야 한다. 이건 요즘 10대들은 무얼 좋아하고, 20대 사이에 무엇이 유행인가를 살피는 것은 물론이고 그 속에 담긴 함의와 생각, 그리고 무의식적으로 하는 행동이나 동감 코드를 정확하게 짚어내는 통찰력이 필요하단 얘기다.

절대 쉽지 않은 이 '통찰'은 짝사랑하는 상대방의 마음에 들어갈 방법을 고민하는 것과 흡사하다. 좋아하는 사람이 생기면 처음엔 그 사람이 무얼 좋아하는지, 어떤 걸 싫어하는지 관찰하지 않나. 저 사람은 된장찌개를 좋아하는구나, 포크 음악 취향이구나 등등을 알게 되는 건 그나마 쉽다. 하지만 그저 그 사람이 좋아하는 된장찌개를 같이 먹고, 음악을 같이 듣는다고 해서 마음이 열리는 건 아니다. 그렇게 마음이 열린다면 세상에 짝사랑이 왜 있겠나. 마음을 여는 열쇠는 내가 무의식적으로 하는 행동이나 버릇을 이해해줄 때, 혹은 이 사람이 '왜' 이런 취향과 행태를 갖게 되었는지 유추하고 이해해줄 때 나온다. 만약 좋아하는 사람이 이런 행동을 하는 건 모성에 끌리기 때문이라는 이해까지 도달했다면, 엄마와 연인의 일체화 전략으로 마음을 열 가능성이 더 높아진다. 그 사람이 무의식적으로 하는 행동과 버릇을 일깨워줌으로써 상대방은 나를 다시 보게 된다. 굳이 영어 많이 쓰며 젠 체하는 광고계에서는 그걸 '인사이트insight'라고 부른다.

이 인사이트를 발견하는 일, 어디 사람을 이해하고 통찰력을 발휘하는 게 그리 만만한 일이던가. 그렇기에 그저 열심히 관심을 가지고 공부하는 수밖에 없다. 마치 "국영수 중심으로 교과서를 열심히 공부했어요." 하는 말처럼 공허하게 들리지만 어쩔 수 없이 그렇다. 다양한 경험을 하고, 세대와 성별과 취향을 가리지 말고 되도록 많은 사람들을 접하고 이야기를 들어보는 것이 연습이다. 디시인사이드부터 경제 포럼 게시판까지 다양한 글들을 읽고, 드라마, 영화, 소설, 만화 등등 요즘 사람들이 관심을 갖는 것이라면 좋든 싫든 일단 관찰하고 보는 것. 세상에 대한 넓은 관심이 생기면 서서히 그 이면이 보일지도 모른다. 오지랖 넓은 많은 사람들이 그 이면에 관한 보고서들을 쏟아내고, 서로들 분석하고 있으니 아마 보기 싫어도 보일 게다.

고급 차를 팔고 싶으면 고급 차를 사는 사람들을 알아야 한다. 사람들은 차를 성능과 디자인으로 고른다고 얘기하지만 그 속에는 자신의 계급을 과시하고 싶어하는 마음이 숨어 있다는 걸 읽어낸 사람이—카피에 대한 호불호를 떠나서—'대한민국 1%'니, '대한민국 CEO'니 '당신을 올려다봅니다' 같은 카피를 쓸 수 있다. 이 카피가 정말로 대한민국의 상위 1%와 CEO들에게만 차를 팔기 위해 나왔겠는가. 그 과시적 욕구를 자극해 "자, 너도 이 차를 가지면 이렇게 될 수 있어."라는 유혹의 목소리를 상징적으로 불러온 것이다.

모든 인사이트가 이렇게 내면의 심리적 욕망을 읽어야 하는 건 아니다. 그런 욕망 자체도 단순한 하나의 일면을 가지고 있는 것은 아니다. 오히려 인사이트는 굉장히 다층적이다. 그 다층적 인사이트에서 지금 내가 팔려고 하는 것과 가장 잘 어울리고, 다른 경쟁 제품을 누르고 마음을 열 수 있게 하는 게 뭔지 고민하는 것이 더 중요할 수도 있다. 유럽의 고성들과 화려한 드레스를 통해 부동산의 가치를 얘기하던 아파트 광고들 사이에서, 그와 정반대 지점에 서서 진심을 얘기하던 광고 카피를 기억하는지. 그 광고는 매우 성공적이었고 많은 지지를 받았다. 그럼 사람들의 아파트에 대한 인사이트가 부동산 가치보다 삶의 진심에 있었던 것 아니냐고? 글쎄, 결국 그 아파트가 가장 비싼 아파트가 되어버렸다는 아이러니한 결과를 보면 그것도 아닌 것 같다. 부동산을 오로지 계급과 돈으로만 바라보는 현실에 대한 반발심을 읽어낸 카피의 한 수라고 볼 수 있겠다.

이처럼 인사이트는 정답처럼 정해진 것이 아니다. 술을 팔기 위해서 사람들이 술자리에 두고 있는 의미가 '친목'에 있다는 걸 발견하는 것도 카피의 실마리이고, 또는 사람들이 소주를 마실 때 꼭 툭 쳐내서 덜어내거나 팔꿈치로 툭 치거나 하는 행위들을 하고 있다는 발견 또한 큰 실마리가 아니겠는가.

이런 전 방위의 실마리들은 단기간에 공부한다고 잡을 수 있는 것들이 아니다. 사람에 관한 학문인 인문학적 바탕이 있으면 이야기는 더 깊어질 테고, 문화적인 이해가 높은 사람들은 트렌디한 감성을 잘 잡아낼 수 있을 것이다. 자신이 관심 있는 것부터 시작해서 지속적으로 사람에 대한 관심을 키워나가고, 계속 읽고 찾고 보고 이야기하고 듣고 또 생각하는 수밖에.

개인적으로는 이렇게 사람들이 가진 인사이트의 팁을 얻기 위해 웹툰과 시사만화 같은 것들을 주의 깊게 공부하듯 찾아보고 있다. 조석의 〈마음의 소리〉라든가 서나래의 〈낢이 사는 이야기〉 같은 웹툰은 정말이지 인사이트의 보고다.

이렇게 사람들을 관찰하고 공부하고 생각하며 소위 '내공'이라는 게 차곡차곡 쌓여 '이거다!' 하는 유레카의 순간이 자주 찾아오게 된다면, 당신은 카피 쓰는 일이 훨씬 쉬울 것이다.

1인 2역의 역할극

유혹의 대상을 파고들어 그의 뒤통수를 탁! 치며 공감할 수 있게 만드는 인사이트를 발견해냈다면 그걸 이제 크리에이티브하게 표현하기만 하면 되는 게 맞다. 이론적으로는. 하지만 이 모든 과정이 그렇게 부드럽게 이어질 리 없다. 물건의 주인, 그러니까 광고주의 생각을 깡그리 무시할 수 없는 게 당연지사. 카피를 쓰는 손은 카피라이터의 것이지만 그의 펜대는 광고주의 요구를 담고 움직여 소비자를 향해야 한다. 말하자면 두 명의 '갑'을 모시고 있는 '을'의 신세인 것이다. 이 두 '갑'의 요구와 성향이 얼추 맞아떨어진다면 그 고민은 줄어들지만 만약 둘의 생각이 아예 다르다면? 100원짜리 볼펜을 몽블랑처럼 아무나 쓸 수 없는 럭셔리로 표현해달라 하는 광고주가 설마 있을까 싶겠지만, 있다. 생각보다 많다. 이런 상황에 처했을 때, 호기롭게 나는 한 마리 토끼라도 제대로 잡을래요! 하면서 내 맘대로 쓸 수 있다면 얼마나 좋겠는가. 하지만 광고주의 오케이 사인이 없다면 광고는 아예 소비자에게 닿을 수조차 없는 걸. 아마 내 컴퓨터에 묵혀서 이미 똥이 된 카피 텍스트들만 모아도 10기가는 족히 될 것이다. 그 와중에 또 한 카피라이터도 '라이터'인데 창의력과 통찰력을 발휘하여 새롭거나 감동적이거나 웃기거나 기발한 무언가를 보여줘야 한다는 의무감까지 더해지면 이러지도 저러지도 못하는 상황에 머리만 점점 더 비어간다.

    이 상황에서 나는 주로 머릿속으로 심리극을 펼친다. 사이코드라마처럼 상품을 앞에 놓고 혼자서 광고주가 되었다가, 소비자가 되었다가 하며 소설을 쓴다. 광고주는 15초의 영상 혹은 지면 안에 브랜드가 추구하는 이미지부터 제품의 장점 열 가지와 특징, 타 경쟁 제품과의 비교 우위까지 모두를 이야기하고 싶어한다. 광고주의 이야기를 충분히 듣는다. 그 다음엔 소비자의 입장에서 광고주의 이야기를 하나하나 반박한다. 가격이 많이 싸지도 않고, 특별한 기능이 있다는데 그리 매력적이지도 않잖아. 도대체 내 지갑을 어떻게 열겠다는 거야? 한 번 더 제품을 사랑하는 광고주의 입장으로 돌아간다. 그리고 다시 소비자의 입장으로 '그렇다면 한 번쯤 생각해볼 수도 있겠네'라며 매번 상황이 달라지는 심리극을 거짓말 조금 보태서 열 번쯤 반복한다. 그런 가운데 광고주와 소비자 둘 다 설득해볼 만한 매력적인 거짓말이 하나쯤은 튀어나오는 것이다. 그리고 이 과정은 앞서 말한 인사이트를 찾는 과정과 거의 동시에 진행이 된다. 다만 특정 대상과 분야에 한정 짓는다는 것이 다를 뿐이다. 평소에 쌓아온 내공이 두텁다면 이 상황극은 좀 더 다이내믹하면서 긴박하고 짧게 진행될 수도 있다. 아니라면 한없이 늘어지게 될 테고. 그리고 이 과정에서 카피라이터는 자기가 광고하는 제품을 정말로 좋아하게 될 가능성이 높다. 허언증처럼 자기가 꾸며낸 유혹의 말에 홀라당 넘어가는 것이다. 그리고 그렇게 사랑에 빠진 카피라이터에게서 좋은 카피가 나온다.

티셔츠는 뒤집어서 입어보자

하고 싶은 이야기가 정해졌다. 그리고 이야기를 할 수 있는 시간도 이미 정해져 있다. 딱 15초다. 이 짧은 시간 안에 해야 할 이야기를 모두 해야 한다. 그냥 평범하게 줄줄 읽다가는 '이 제품으로 말씀드릴 것 같으면'에서 CM이 끝나버릴 것이다. 자, 여기서 카피라이터(뿐만 아니라 모든 광고 제작팀)에게 기대되는 게 소위 '크리에이티브'이다. 기발하거나 감동적이거나 웃기거나 공감되거나 멋있거나 부럽거나 중독성이 있거나 기타 등등 소비자의 반응을 이끌어낼 수 있는 무언가를 만들어내야 한다.

　소위 '카피발' 좀 받았다고 하는 광고 카피 중 하나를 보자.
　"그게 그냥 커피라면, 이건 TOP야."

　이 제품이 말하고자 하는 건 명확하다. '이건 리얼 에스프레소 방식으로 만들어서 다른 캔 커피보다 더 진해'라고 얘기하고 싶다. 이걸 그냥 평범하게 '진하고 깊은 진짜 에스프레소를 느껴라' 정도로 쓸 수도 있었지만 그랬으면 아마도 소비자는 '응, 그냥 좀 진한 커피인가 봐'라며 지나갔을지도 모른다. 그런데 여기에 원빈과 신민아라는 걸출한 모델을 걸고, 볼에 하는 뽀뽀와 키스라는 비유로 '그냥 커피 vs. 우리 제품'이라고 명확하게 선을 긋는 카피가 더해졌다. 제품의 핵심과 타 제품과의 선 긋기를 동시에 전달하는 좋은 크리에이티브이다. 카피는 곧 유행어가 되었다.

보통 '크리에이티브'는 정말 놀랍거나 기발하거나 새로워야 한다고 생각하는 사람이 많다. 하지만 카피라이터의 크리에이티브는 어떻게 하면 내가 하고 싶은 그 많은 말을 하나의 문장으로 전달할 수 있느냐, 하는 문제다. 새로운 단어나 표현을 만들어내는 것이 아니라 소비자가 더 정확하게 느낄 수 있는 비유와 대상, 감정을 발견하고 함축하고 표현해내는 기술이다. 무엇보다 광고가 카피로만 이루어지지 않는다는 걸 염두에 두어야 한다. 영상이나 비주얼, 배경음악과 모델까지 종합적으로 상상해야 한다.

어떻게 그런 비유와 상황과 대상을 잘 떠올릴 수 있느냐, 하고 물으신다면 딱히 할 말은 없다. 대상에 집중하고 아이디어를 떠올릴 때, 개인마다 발상법은 다르다. 나는 아이디어가 안 풀릴 때마다 노래 가사를 읽고, 닥치는 대로 무언가를 읽거나 화가의 그림을 찾아본다. 그러다 눈에 들어온 단어나 상황에서 '번뜩' 하는 것이 스치고 지나갈 때가 많다. 각자의 발상법은 스스로 발견해야 한다. 다만 하고 싶은 이야기를 이리저리 뒤집어보는 것이 꽤나 많은 도움이 되는 건 사실이다. 하고 싶은 이야기를 정반대로 뒤집거나, 다른 상황에 놓아보거나, 어제 본 영화의 주인공으로

놓아보거나 하는 식으로 말이다.

하나의 티셔츠가 있다. 이걸 처음엔 원래대로 입어보고, 팔을 접어도 보고, 뒤집어 입어도 보고, 잘 개켜서 작게도 만들어보고, 말아서 공처럼 만들어보기도 하고, 목에 스카프처럼 둘러보고, 머리에 두건처럼 써보고. 하나의 티셔츠를 갖고 이리저리 놀아본다. '진한 커피'를 팔고 싶다면, 진하다는 속성을 나타낼 수 있는 모든 경우와 '진하다'가 들어가서 말이 되는 모든 문장과 말장난을 늘어놓고 보는 것이다. 그렇게 서른 개의 카피를 쓰면 아마도 그 중 하나는 쓸 만하다고 여겨질 것이다.

혼자 쓰는 것이 아니다

카피 쓰기와 다른 글쓰기가 가장 다른 부분이 카피는 혼자 쓰는 것이 아니라는 점이다. 카피는 광고의 일부분이기에 다른 요소들을 종합적으로 고려하고 서로 결합해야 한다. 카피가 카피라이터의 손을 통해 최종적으로 나오는 것은 맞지만 카피를 온전히 혼자 쓸 수는 없는 것이다. 광고의 인사이트를 찾는 것부터, 아이디어를 내는 과정까지 회의, 회의, 회의, 그리고 또 회의를 거듭해서 회의에 회의를 느낄 즈음이 되어서야 '자, 그럼 이제 카피는 이렇게 정리해보자!' 하는 결론이 나온다. 자기 생각을 설득하고, 다른 이의 생각을 듣는 과정에서 더 좋은 아이디어가 떠오르기도 하고, 역시나 그래도 내 생각이 더 낫다 싶으면 정교화하는 과정을 거치게 된다.

내가 아무리 티셔츠 100장을 뒤집어도 보고 접어도 봐서 가져간 카피라 해도 그 안에서 '내가 카피라이터니까 카피는 아무도 손댈 수 없다'는 마음은 버려야 한다. 카피의 90%는 발상과 아이디어다. 쓰는 건 기술일 뿐. 그렇기에 더 좋은 생각과 아이디어를 받아들일 준비가 되어 있어야 한다. 다른 사람이 던져준 아이디어라고 해도 그걸 더 정교하고 단단하게 카피로 만들면 되는 것이다. 옆자리 아트 디렉터가 '내가 이 셔츠를 이렇게 구멍 냈는데……' 하고 내민 게 더 멋져 보인다면 '고맙습니다!' 하고 넙죽 받아야지. 카피 역시 아트 디렉터에게 영감을 주게 되어 있고, 그가 그려온 한 장의 그림에서 카피가 떠오르기도 한다. 아트 디렉터의 아이디어를 구체화시키는 것에 더 큰 매력이 있다고 생각된다면 이틀 밤을 새며 써간 카피라도 과감히 버려야지 별 수 있겠나.

때로는 간단한 농담 따먹기 속에서 의외의 카피가 나오는 경우도 있다. 예를 들면 "내가 세계 여행을 다닐 때, 기름왕자 만나서 송유관에 빨대 꽂아 서해까지 이으려고 그랬거든. 그랬으면 내가 이놈의 머리 아픈 광고는 안 하고 있을지도 몰라."라는 얘기에서— 필자는 1년간 세계여행을 다닌 경험이 있다—"×××자동차를 타면 당신도 기름왕자"라는 연비가 좋다는 자동차의 인쇄 광고 카피가 나왔다. 그 의외의 순간을 흘리지 않고 주워 올려 광고적으로 다듬어 카피로 써내는 것은 카피라이터의 몫이다. 그러기 위해선 타인의 이야기와 자기 안에서 나오는 이야기를 그냥 흘려보내면 안 된다. 카피가 완성되기 전까지는 놀고 있어도, 인터넷 서핑을 하고 있어도, 실은 정신의 한쪽은 일로 열어놓아야 하는 것이다. (아, 피곤하다.) 동료든 인터넷이든 상사든 지나가는 라디오 디제이의 멘트든 도움이 될 수 있는 건 뭐든지 받아들이고 혼자 쓴다는 생각을 조금 느슨하게 풀어두면 유연한 카피가 나온다. 대신 최종으로 내 손끝에서 나온 카피에 절대적으로 책임을 진다는 생각만은 꼭 붙들어 매자.

가치관과 충돌할 때, 스스로 균형 잡기

카피라이터가 아무리 상업주의의 아들딸이며 카피를 포함한 광고의 목적이 '잘 팔리게'에 있다지만 그럼에도 불구하고 카피라이터 역시 하나의 가치관을 갖고 살아가는 독립적인 사람이기에 갈등이 없을 수는 없다. 그 갈등이 그저 '더 좋은 광고'를 위한 아이디어의 충돌일 때는 회의든 난투극이든 벌여 해결하면 되지만 그것이 자신의 윤리적 기준과 부딪치는 경우에는 직업에 회의감이 찾아오기도 한다.

나는 대한민국의 기이한 부동산 현상과 아파트 투기에 큰 반감을 갖고 있고 이 거품이 빨리 꺼져야 한다고 생각하지만 모 건설회사는 나의 광고주이기에 직업적으로 아파트 분양 광고 카피를 써야 한다. 몇 년째 미분양인 이 아파트를 마치 지금 사면 큰돈을 벌 것처럼 포장해달라는 광고주의 요구를 들을 때마다, 나는 죄책감에 시달린다. 이럴 때 카피라이터의 선택은 무엇인가. 선택은 각자의 가치관에 맞게 모두 다를 것이다. 나의 경우는, 일단 부동산 구매의 최종적인 선택은 소비자의 몫이라 생각하며 카피를 쓴다. 카피라이터는 광고주 자체를 거부할 권한이 거의 없다. 대신 되도록 '속인 자는 없으나 속은 사람은 나오는' 교묘한 카피는 쓰지 않으려 노력한다. 그 노력이 다 성공하는 것은 아니지만, 적어도 '을의 입장인 나'와 '인간 주체로의 나' 사이에 균형을 잡으려는 노력은 필요하다.

광고주 자체의 문제가 아닐 경우엔 그 노력을 좀 더 적극적으로 발휘할 수 있다. 스스로의 카피를 좀 더 사회적인 관점으로 의심해보는 것이다. 내가 쓴 카피가 제품의 특성을 극명하게 드러내고 상품의 판매에 도움이 되며 광고적으로도 재미있고 훌륭하지만, 사회적인 편견을 부추기거나 선정적이라면? 뚱뚱한 여성이나 못생긴 여성, 키가 작거나 마른 남성에 대한 놀림이나 비하적 내용을 아이디어로 차용하거나 섹시함을 넘어선 선정적인 코드를 아이디어로 가져가는 광고들을 심심치 않게 볼 수 있다. 예능 프로그램이나 코미디 프로그램에서도 다 하고 있는데 광고는 더 나가도 된다며 편견 가득한 아이디어를 밀어붙일 때, 어떻게 균형을 잡을 것인가. 앞서 카피라이터 혼자 카피를 쓰는 건 아니지만 카피에 대해 책임은 져야 한다고 했다. 스스로의 카피에 대해 책임을 진다는 건 카피의 크리에이티브뿐만 아니라 제품의 판매와 스스로의 윤리 사이에서 어떻게 균형을 잡아나가야 하는지에 대한 고민도 포함된다. 아마도 이 고민은 카피라이터라는 직함을 달고 있는 한 계속될 것이다.

질투는 나의 힘

여기까지 쓰고 다시 읽어보니 좀 공허하다. 어떻게 잘 쓸 수 있는가에 대한 답이라고는 눈곱만큼도 주지 못한 것 같다. 15초 카피만 쓰던 이가 이렇게 긴 글을 썼다니 대견하다가도, 읽어보니 스스로에게 "너나 잘하세요."라고 말하고 싶어진다. 그저 한 카피라이터의 고민 섞인 하소연으로 읽어주시길.

카피를 쓰는 방법, 세상의 모든 카피라이터가 아마 다 다를 게다. 그럼에도 불구하고 80%의 확신을 가지고 말할 수 있는 건, 대부분의 카피라이터는 다른 카피라이터를 비롯한 세상의 모든 '라이터'들을 질투한다는 사실이다. 어제 새로 '온에어'된 저 광고 카피를 내가 썼다면 저렇게 멋지게 쓰지 못했을 것 같아 부러워 죽을 것 같고, 시를 읽으면 내가 쓰는 카피는 속물적이고 얄팍한 글자에 불과한 것 같아 부끄럽고, 소설을 읽으면 저렇게 치밀한 구성과 아름다운 문장을 만들어내는 소설가가 천재 같고, 잡지를 읽어보면 젊은 에디터들의 재기에 속이 부글부글 질투가 난다. 칼럼을 읽으면 내가 쓴 카피는 너무 유치하고 쓸모가 없는 것 같고, 만화를 보면 이런 기발한 인사이트를 발견하는 사람이 이렇게 많은데 '아마 난 안 될 거야'라며 머리를 감싸고, 영화를 보면 내가 쓴 카피는 지나가는 엑스트라의 한마디보다도 평범하다.

그리고 이 모든 질투가 더 나은 카피를 고민하게 만든다. 열심히 읽고 보고 질투하시라. 이건 내 자신에게 하는 말이기도 하다.

나는 동화를 어떻게 쓰는가

내 글쓰기의 첫걸음은 세상을 향한 연민이다
동화작가 김중미

가난을 쓰다듬어주는 동화

2000년, 창비 좋은 어린이책에 당선이 되어 어쭙잖게 동화작가가 되었다. 그 뒤로 습작에 대한 질문을 많이 받았다. 그때마다 얼굴이 화끈거려 고개가 저절로 숙여졌다. 첫 작품인 《괭이부리말 아이들》을 쓰기 전까지 작가가 되겠다는 강렬한 열망을 가져본 적이 없고 그 때문에 습작기를 제대로 거친 적도, 문학을 제대로 공부한 적도 없었기 때문이다. 그럼 왜 작가가 되었느냐는 물음에 나는 고작 "쓰고 싶은 이야기가 있었다."라고 말할 수밖에 없었다. 이 글이 동화를 어떻게 쓰는가에 대한 대답이 될 것 같지는 않다. 그저 나는 어떻게 동화를 쓰게 되었는지, 왜 쓰고 있는지에 대한 대답 정도가 될 것 같다.

글을 써야겠다고 생각한 것은 1999년 여름이었다. IMF가 막바지에 달할 무렵, 매스컴에서는 한국경제가 바닥을 쳤다고 떠들어댔다. 그 시기에 빈민 지역의 삶은 더 피폐해졌다. IMF로 일자리를 잃고 살던 이들한테 구세주 같던 신용카드 빚이 부메랑이 되어 돌아왔다. 신용카드 대금 연체로 신용불량자가 된 사람들이 막다른 골목에 다다른 것이다. 동네 곳곳에서 자살을 기도했다는 소문이 들리기 시작했다. "밤새 안녕하셨어요?"라는 말의 의미가 그때만큼 절절한 때가 없었다. 아침에 자고 일어나면 누구네 엄마가, 혹은 누구네 아빠가 집을 나갔다는 소리가 들렸다. 아이들은 친척집, 보육원으로 흩어지거나 한밤중에 부모의 싸움을 피해 맨발로 뛰어나오고, 학교 급식 한 끼로 끼니를 때워야 했다. 그 아이들에게 내가 해줄 수 있는 것은 같이 우는 것밖에 없었다. 무기력한 내 자신 때문에 하루하루가 견디기 힘들었다. 그 무렵 아이들을 데리고 서울로 나들이를 갔다. 그런데 전철 안이나 거리에서 우리 아이들을 보는 사람들의 시선이 남다르다는 것을 느꼈다. 누군가가 말했다. "꼭 70년대 애들 같지 않냐? 아직도 저런 애들이 있냐?" 그 소리를 듣는 순간 내 입 밖으로 튀어나온 말은 "그래서 뭐? 가난한 게 뭐 어때?"였다.

며칠이 지난 아침, 신문을 보다가 창비 좋은 어린이책 공모 광고를 보았다. 그 광고를 보는 순간 문득 동화를 써야겠다고 생각했다. 아니 동화건, 소년소설이건 상관없었다. 뭣도 아니고 보잘것 없는 가난한 아이들의 이야기를 해야겠다고 생각했다. 세상을 향해 가난은 수치스러운 것이 아니라고, 세상의 손가락질을 받을 이유가 없다고 말해야 할 것 같았다. 가난은 사회가 만들어낸 것이지 아이들이나 그들의 부모 탓이 아니라고 말해주고 싶었다. 사람들이 부끄러워해야 하는 것은 가난이 아니라 남보다 더 많이 가지려고 더 앞서 가려고 누군가의 것을 뺏거나 짓밟는 것이라고 말해주고 싶었다. 판잣집보다는 아파트가 편하고, 공부를 못하는 것보다 잘하는 게 낫고, 물질적 결핍보다는 물질적 풍요가 더 낫다고 생각하는 사람에게 때로는 결핍이 사람을 더 넉넉하게 해준다고 말하고 싶었다. 그리고 우리 아이들처럼 가난한 아이들의 마음을 쓰다듬어주고 싶었다. "괜찮아."

그러나 막상 글을 쓰려고 보니 어디서부터 손을 대야 할지 막막했다. 일단 하고 싶은 이야기가 무엇인지는 정해졌으니 이제까지 내가 만난 아이들의 편린을 모아 중심인물들을 만들었다. 중심인물의 성격은 내가 하고 싶은 이야기를 가장 잘 전달할 수 있어야 한다고 생각했다. 동수와 명환이란 인물은 1995년 김영삼 정부가 청소년범죄와의 전쟁을 벌일 때 경험했던 우리 동네 남자아이들의 모습에서 가져오고 숙자, 숙희 쌍둥이 자매는 공부방에서 만난 사춘기 여자아이들의 모습에서 전형적인 특성을 찾아내 만들었다. 쌍둥이 자매의 특성은 마침 공부방에 다니던 쌍둥이 자매 덕분에 자세히 묘사할 수 있었다. 물론 현실의 쌍둥이 자매들과 소설 속의 자매는 전혀 다른 인물들이었다. 쌍둥이들의 부모 역시 가난한 동네 어디서나 만날 수 있는 사람들이었다. 영호란 인물은 공부방에서 자란 청년의 모습에서, 김명희 선생은 우리 식구들이 사용하던 공중화장실에서 자주 만나던 인천교대 여학생에게서 캐릭터를 잡아냈다.

중심인물들이 이야기를 펼쳐갈 배경은 12년간 살아온 만석동이었다. 내가 글을 쓰고 싶었던 이유 중 하나가 언젠가는 재개발이 되어 사라질 우리 동네의 모습을 글로 남겨놓고 싶어서였다. 일제강점기부터 지금까지 이어온 빈민 지역의 역사가 만석동의 골목 구석구석에, 판잣집의 다락 창문과 지붕 하나하나에 깃들어 있었다. 만석동의 골목골목, 그곳에 켜켜이 쌓여 있는 가난한 사람들의 삶을 잘 묘사하는 것이 만석동의 역사를, 그곳에 살았던 이들의 흔적을 남기는 길이라는 생각을 했다. 어떻게 하면 그 골목을 생생히 묘사할 수 있을지가 가장 큰 숙제였다.

　이야기의 얼개를 짠 뒤에 본격적으로 글을 쓰기 시작했다. 주인공 아이들의 움직임에 따라, 그 아이들이 겪는 사건에 따라 만석동의 풍경을 묘사해 넣었다. 글을 쓰기 시작하면서 글 쓰는 작업이 언젠가 여행 중에 보았던 태피스트리를 짜는 과정과 비슷하다는 생각을 했다. 만석동이 날실이라면 등장인물과 사건은 씨실과 같았다.

어린 시절의 그림자가 글을 쓰게 했다

나는 낱말이나 문장을 선택할 때는 될 수 있으면 간결하고 쉬운 말로 표현하기 위해 노력했다. 우리 아이들처럼 어휘력이 떨어지거나 책과 친하지 않은 아이들도 쉽게 읽을 수 있는 글을 쓰고 싶었기 때문이다. 또 지금, 여기를 사는 아이들의 생각과 말을 살리는 것도 의미 있는 일이라고 생각했다. 그렇다고 아이들이 쓰는 날것 그대로의 언어를 쓰지는 않았다. 요즘 아이들의 말투를 그대로 쓴다면 아마 부사와 형용사는 몇 개로 압축되고 말 것이다. 헐, 대박, 짱, 쩐다, 존나, 진심……. 부정, 긍정의 표현들이 뒤엉켜 있다. 심지어는 좋든 나쁘든 '개'란 접두사를 붙여 쓴다. "개잘생겼다, 개못생겼다, 개맛있다, 개맛없다." 그러다보니 아이들은 자신의 감정 변화나 표현에 둔해지고 말도 아주 단순해진다. 사고의 깊이나 다양성도 그만큼 떨어지는 것이 안타깝다. 나는 아이들이 잃어버린 다양한 표현들을 찾아주고 싶다. 어렵지 않고 쉬운 글, 살아 있는 글을 쓰기 위해 사전은 필수다. 그래서 《괭이부리말 아이들》을 쓸 때 항상 《우리말 갈래사전》을 곁에 놓고 썼다. 그 뒤로는 《더 깊고 쉬운 말 사전》, 《바른말글 사전》을 곁에 두고 사용한다.

하루 중 글을 쓸 수 있도록 허락된 시간은 공부방 아이들이 다 돌아간 뒤인 자정부터 새벽 서너시까지였다. 하루 종일 공부방 일, 집안일, 육아로 지쳐 있다가도 컴퓨터 앞에 앉으면 가슴이 설레었다. 시작하기 전에는 막막했지만 글 쓰는 일이 점점 재미있어졌다. 내가 만들어낸 새로운 인물들이 생명을 갖기 시작하면서 나도 모르게 이야기에 빠져 들어갔다. 글을 쓰는 석 달 동안, 공부방 일을 하고 아이들을 만날 때나 집안일을 할 때나 머릿속에는 늘 동수와 동준이, 숙자와 숙희가 살고 있었다. 그런데 탈고를 마친 바로 다음 날이 공모 마감일이었다. 퇴고를 할 여유가 없어 눈앞이 캄캄했다. 그 상태로 글을 보내야 할지 말아야 할지 망설이는데 남편이 말했다.

"보내, 어차피 당선이 되리라고 생각해서 쓴 거 아니잖아. 당신이 석 달 동안 밤마다 글 쓰는 동안 막내 도맡아 재우느라 나도 힘들었거든. 일단 보내보자."

남편의 설득에 눈을 질끈 감고 마감 당일 원고를 보냈다. 원고를 보내고 나자 석 달간의 피곤이 한꺼번에 몰려들어 며칠을 앓았다. 원고를 보내고 나서야 내가 글 쓰는 일에 온 마음과 힘을 쏟았다는 걸 깨달았다. 그리고 내 안에 참 쓰고 싶은 이야기가 많다는 것도 깨달았다. 오랫동안 내 안에 그림자로 남아 있던 어린 시절의 기억들, 청소년기까지 살았던 기지촌의 기억, 어린 시절 앓았던 병으로 얻었던 열등감과 우울증, 외로움, 그리움들이 스멀스멀 되살아났다. 그 그림자들이 숨어 있던 글쓰기의 욕구를 되살아나게 하고 있었다. 원고를 보낸 지 석 달이 다 되어갈 즈음, 창비 좋은 어린이책 공모에 당선되었다는 연락을 받았다. 그리고 그해 초여름, 첫 작품이 세상에 나왔다. 바로 《괭이부리말 아이들》이다. 처음 책을 받아들고는 읽어볼 엄두조차 내지 못했다. 부끄럽고 또 두려웠다.

문학을 통해 세상을 이해하던 시절

첫 작품을 낸 뒤 한 신문사 문화센터에서 하는 아동작가학교의 '작가와의 만남'에 초대를 받아 갔다. 그리고 습작기에 대해 질문을 받았다. 습작기라는 것을 가져본 적 없는 나는 당황했다. 그제야 나는 내 글쓰기의 시작이 언제인지 되돌아보기 시작했다.

 어렸을 때부터 책을 좋아했다. 항상 읽는 것에 목말라했다. 그러나 우리 집은 가난했고, 지금처럼 학교 도서관이 활성화되지도 않았을 때였다. 내가 책 선물을 받을 수 있는 때는 성탄절과 생일뿐이었다. 다달이 《소년중앙》을 사 보는 것도 감지덕지한 형편에 책을 사달라고 조르지 못했다. 그 시절은 교육열에 불타는 부모들이 집집마다 전집 한 질쯤은 들여놓던 때였다. 대개 백과사전이나 계몽사판 세계아동문학전집이었다. 친구네 집에 놀러갈 때마다 벽돌색 표지의 50권짜리 문학전집만 보면 탐이 났다. 그러나 우리 어머니는 책은 절대 전집으로 읽으면 안 된다고 했다. 지금 생각하면 틀린 말은 아닌데 그땐 궁색한 변명이라고 생각했다. 누구나 그렇듯 현실에서 이룰 수 없는 것을 이루는 방법은 상상놀이뿐이었다. 그래서 언제부턴가 상상을 했다. '백혈병에 걸려서 어머니가 마지막 소원을 말하라 하면 계몽사판 아동문학전집을 갖는 것이라고 말한다. 그 책을 다 읽고 난 뒤 어머니한테 감사하다고 말하고 죽는다.' 그러나 백혈병이 어디 흔한 병인가? 어느 날엔가 아버지께 시인 릴케가 장미가시에 찔린 상처로 백혈병에 걸려 죽었다는 이야기를 들었다. 마침 친구네 집 담장에 빨간 넝쿨장미가 한창이었다. 손가락 끝이 벌겋게 성이 나도록 가시로 찔렀건만 백혈병은 내게 찾아오지 않았다. 하루는 월간《소년중앙》을 뒤적거리다 창작동화공모를 보았다. 동화작가 등단 따위에는 관심이 없었다. 오로지 내 눈에 보인 것은 장려상인가에 상품으로 준다는 계몽사판 아동문학전집이었다. 당장 원고지를 사서 글을 쓰기 시작했다. 어렴풋이 기억나는 것은 물개와 주인공의 사랑에 관한 글이었다는 정도다. 아마 디즈니 영화를 모방했던 것 같다. 70매가량의 원고를 다 쓰고 조심스레 동생에게 읽어 보라고 줬더니 펑펑 울며 감동적이라고 했다. 한껏 우쭐해진 나는 어머니 몰래 자전거를 타고 읍에 있는 우체국에서 원고를 부쳤다. 그러나 연락은 오지 않았다. 그것이 나의 첫 번째이자 마지막 동화 습작인 셈이다. 5학년 때의 일이었다.

스무 살까지 나는 그저 책 읽기를 유난히 좋아하는 아이였다. 중학교에 입학하기 전까지는 일기를 꼬박꼬박 썼고 가끔 일기 상을 받았다. 그때 썼던 일기는 선생님께 보이기 위한 글이었다. 중학교 때는 시골에서 도시로 이사하고 전학을 하는 과정에서 내적으로 외적으로 심한 변화를 겪게 되었고 그 갈등을 이겨내기 위한 나만의 일기 쓰기를 했다. 그러다 고등학교 때 교지에 한두 번 사르트르의 작품과 인물에 대해 소개하는 글을 쓴 것이 전부였다. 그러면서도 마음 한 구석에 막연히 글쓰기에 대한 동경은 있었는지 한 달 용돈 1000원을 받으면서 200원 남짓하던 월간 《문학사상》을 꼭 사서 보았다. 고등학교 시절 친구들이 이성에 빠져 있을 때 나는 이미 세상에 없는 이상이나 카프카와 상상 연애를 했고 조세희, 황석영의 작품을 통해 부조리하고 불평등한 세상에 일찍 눈을 떴다. 그러나 딱 거기까지였다. 문학은 내게 세상을 이해하는 유일한 길이었지만 내가 문학을 하는 당사자가 될 거라는 생각은 감히 할 수 없었다. 고등학교를 졸업한 뒤 종합병원의 원무과에서 사무직 노동자로 일하게 되자 글쓰기는 더 먼 것이 되었다.

구로구와 영등포구의 경계에 있던 그 병원의 환자들은 중산층이 절반이라면 나머지 반은 가난한 노동자거나 봉천·신림·가리봉의 빈민들이었다. 그 큰 병원에서 사람이 살고 죽는 것을 결정하는 것은 의술이 아닌 돈이었다. 병원 이사와 원장부터 화장실 미화원까지 자본주의 사회의 온갖 계급이 다 모인 큰 대학병원 안에서 내가 서 있는 자리가 어디인지 분명히 보였다. 아직 스무 살이었던 그때, 내게는 삶을 선택할 기회와 자유가 있었다. 대학을 포기하고 취업을 선택하기는 했지만 가난한 집의 맏딸 노릇은 강요가 아닌 선택이었으므로 딱 3년만 일을 하겠다고 마음을 먹고 있었다. 막연하지만 무대미술을 전공하거나 미술이나 음악, 연극평론가가 되고 싶다는 꿈도 갖고 있었다. 그런데 그 대학병원의 좁은 수납 창구를 통해 보는 세상이 내게 딴죽을 걸었다. '네가 꾸는 꿈이 이기적이지는 않니? 네 꿈이 허영이라고는 생각하지 않니? 너보다 어린 노동자들이 손가락이 잘리고, 산동네 빈민들이 돈이 없어 죽어가는 세상에서 너 혼자 꿈을 이루면 행복해질 것 같니?' 나는 끊임없이 밀려드는 불의한 세상에 대한 분노, 내 꿈에 대한 회의와 진실에 대한 갈구를 책을 통해서 해결하려고 했다. 마침 병원 도서실 사서의 배려로 내가 읽고 싶은 책을 얼마든지 읽을 수 있었다. 그 사서 언니는 도서실에 책을 구입할 때마다 내게 보고 싶은 책을 신청할 기회를 주었다. 대학병원 도서실에 《실천문학》, 《공동체문화》, 《민중교육》 같은 무크지와 한길 제3세계 문학선집과 한길 사상전집 같은 책이 꽂혔다. 창비나 문지의 소설은 기본이었다. 그때 내가 돈을 주고 구입하는 책은 시집으로 충분했다. 나는 그렇게 문학을 통해 현실에서 만나는 노동자, 도시 빈민들에 대한 이해와 애정을 갖게 되었다.

5년간의 직장생활을 그만두고 나는 다시 '가난한 삶'을 선택했다. 빈민 지역에 들어가기 전 나는 내가 가졌던 지적 허세와 결별했다. 마약 같은 책 읽기, 록, 재즈, 연극, 미술, 영화까지 모두 다.

만석동 빈민촌에서 글의 힘을 깨닫다

만석동에 들어간 뒤 1년 동안은 신문 배달, 노점상, 탁아방을 하며 지역 주민을 만났다. 그때 만난 주민들과 아이들을 통해 지역에 가장 필요한 것이 공부방이라고 생각했다. 공부방을 열 준비를 하면서 선배를 통해 창비에서 아동문고 100권을 기증받았다. 그리고 아이들을 만나기 전에 책을 봐둬야 할 것 같아서 몇 권을 들춰보다 깜짝 놀랐다. 평소에 관심 있게 보았던 강요배, 신학철, 박불똥, 이철수 같은 화가들이 어린이책에 삽화를 그린 것을 보았기 때문이다. 갑자기 어린이책을 대하는 나의 태도가 달라지는 것을 느꼈다. 게다가 책을 한 권, 두 권 읽다보니 이원수, 손춘익, 이주홍, 톨스토이, 그림동화나 옛이야기와 민담들은 내가 어린 시절에 읽고 할머니, 어머니로부터 들었던 이야기들이었다. 그때부터 어린이문학에 관심을 갖기 시작했다. 책과 친하지 않은 아이들이 어떻게 해서든 문학과 친해질 수 있게 동화를 읽어주고 함께 읽었다. 또 동화를 읽고 나면 노래극, 사진책, 연극, 인형극으로 만들며 놀았다. 그렇지만 여전히 내가 창작을 하겠다는 생각은 하지 못했다.

공부방 일을 하면서 글을 쓸 일은 1년에 서너 번 공부방 후원자들에게 보내는 소식지를 만들 때와 공부방 자모들에게 보낼 알림글을 쓰는 게 전부였다. 그러다 1992년부터 어머니들과 글쓰기를 시작했다. 처음에는 한글 교실로 시작했다가 어머니들과 모둠일기를 쓰면서 글쓰기 교실로 바꿨다. 어머니들은 스스로 글을 읽고 쓰게 되고, 그 글을 통해 당신들의 삶을 기록할 수 있게 된 것을 무척 기뻐했다. 어머니들이 쓰는 글은 한 자 한 자 진실이 담기지 않은 글이 없었고 허투루 쓴 글이 없었다. 2년간 어머니들과 모둠일기를 쓰며 가장 감동적이고 훌륭한 글은 삶과 진심이 담긴 글이라는 것을 배웠다. 그때부터 열대여섯 쪽밖에 안 되는 공부방 소식지를 만드는 일에도 정성을 다하게 되었다. 어쩌면 그때가 나의 습작기였는지 모르겠다.

만석동은 인천에서 가장 오래된 빈민 지역이다. 일제강점기 말 일본의 병참기지 역할을 하던 곳이라 공장과 미곡 창고가 있어 한국인 노동자들이나 집이 없는 토막민들이 모여 살기 시작했던 곳이다. 지금도 9번지는 그때 관사로 쓰던 판잣집이 그대로 남아 있다. 그 뒤 한국전쟁 이후에는 피난민들이, 6, 70년대를 거치면서는 이농민들이 모여 살았다. 만석동은 항구와 가깝고, 일제강점기 때부터 있었던 도심지와 가까운 탓에 조직폭력배들이 많았다. 골목마다 대마초를 피운 요구르트병과 빨대가 나뒹굴었고, 집집마다 아들 한둘은 감옥을 들락거렸다. 처음에는 그런 분위기에 좀 주눅이 들었지만 2, 3년이 지나니 그들도 그저 우리 옆집 할머니의 아들이거나 공부방 아이의 삼촌이거나 아버지였다. 만석동에 들어가 산 지 4년쯤 되었을 때였다. 어느 날 동네에서 알고 지내던 할머니가 찾아오셨다. 아들이 조직폭력배의 행동책인데 무면허 상태에서 음주운전을 하다가 걸렸다고 탄원서를 써달라는 것이었다. 그 아들은 이미 향정신성의약품관리법 위반과 폭력 혐

의로 집행유예를 받은 터였다. 탄원서를 써보기는커녕 본 적도 없으니 막막했다. 더욱이 죄를 지어 구속된 것인데 도대체 어떤 탄원을 해야 할지 막막했다. 내 당혹스러운 표정을 읽으셨는지 할머니가 홀몸으로 아들 셋을 키운 이야기를 털어놓으셨다. 하루 종일 할머니의 이야기를 듣고 난 뒤 탄원서를 썼다. 자식 둘이 범죄자가 된 어미의 심정이 어떨지 그 마음을 상상하는 것만으로도 마음이 아팠다. 얼마 뒤, 할머니께 내 덕분에 감형을 받았다는 이야기를 들었다. 글쓰기에 대한 보람을 맛본 첫 번째 기억이다.

그리고 다시 얼마 뒤, ○○파의 서열 4, 5위를 다툰다는 이의 방문을 받았다. 키가 작은 편이었지만 다부진 몸에 어깨부터 팔목까지 문신을 새긴 덕에 한눈에 상대방을 주눅 들게 하는 사람이었다. 그러나 공부방에 와서는 마치 선생님 앞에 불려 나온 아이처럼 고개를 들지 못하고 쩔쩔맸다. 내 쪽으로는 얼굴도 못 돌리고 남편을 보며 말했다. 그가 온 까닭은 구속된 동생의 탄원서를 부탁하기 위해서였다. 동생은 한때 공부 잘하고 가난한 집 아이들이 주로 갔다는 K공고를 나와 대기업의 노동자로 성실하게 살고 있었다. 잠시 형을 보러 인천에 올라왔는데 친구들과 대마초를 하다 걸렸다는 것이다. 자신은 비록 조직폭력 집단에 들어가 살지만 자신의 동생만은 그렇게 살게 할 수 없다고 했다. 그는 묻지 않는데도 10대 초반에 부모님을 잃고 동생과 둘이 할머니 밑에서 자란 이야기를 했다. 그의 이야기를 듣는 동안 동생을 지키고픈 형의 마음이 고스란히 전해졌다. 진심을 담아 탄원서를 썼다. 그 뒤로 우리 공부방은 조폭의 든든한 보호를 받게 되었다. 어쩌다 시내에 나가면 어깨가 떡 벌어진 청년들이 달려와 인사를 하고, 업소에 들어가는 생수가 공부방 문 앞에 잔뜩 쌓여 있을 때도 있었다. 어린이날이 되면 간식도 보내주었다. 글의 힘을 깨달은 것이 그때라면 좀 생뚱맞을까?

동화작가라는 이름을 얻은 뒤에도 나는 가난하고 상처받은 아이들, 외로운 아이들, 길을 잃은 아이들을 위한 글을 쓰는 게 내 몫이라고 생각했다. 어린이와 청소년을 위한 글을 쓰는 작가들은 무척 많다. 그리고 저마다 문학을 통해 표현하고 성취하고자 하는 것이 다르고, 깊이와 재미도 다르다. 엉뚱하고 내성적이라 늘 외로웠던 어린 시절, 가난 때문에 꿈을 포기해야 했던 청소년 시절, 내게 위로가 되고 힘이 되었던 것은 문학이었다. 내가 쓰는 글도 지금 여기를 사는 어린이와 청소년들에게 그런 역할을 할 수 있으면 좋겠다. 또 결핍을 모르는 아이들에게는 조금 불편해도 자기가 경험하지 못한 다른 세상을 보게 하고 싶다.

상처받은 아이의 눈으로

나는 글보다 앞서는 것이 삶이라고 생각한다. 아이들의 삶, 오늘의 아이들이 살아가는 사회의 현실을 정확히 보지 못한다면 어린이문학이든, 청소년문학이든 가능하지 않다. 창작을 하는 데 첫걸음은 역지사지의 마음이다. 혹은 측은지심, 혹은 연민, 즉 나 아닌 타인의 삶에 대한 공감이다. 어린이와 청소년을 대상으로 글을 쓰는 나에게 그 타인이 때로는 초등학생밖에 안 된 어린이일 수 있고, 반항기 가득한 10대일 수도 있다. 아이들의 마음을 어른의 관점이 아니라 아이들의 관점에서 이해하고 싶었다.

"숙자야, 청소 끝나고 남아."

청소가 끝나고 빈 교실에 혼자 남아 담임선생님을 기다리던 숙자는 몇 번이고 그냥 나가버리고 싶었다. 선생님이 어머니 이야기를 꺼낼까봐 걱정이 되었기 때문이다.

조마조마한 마음으로 앉아 있는데 교실로 들어온 선생님은 책상 앞에 앉자마자 숙자를 보고,

"숙자야, 아직 엄마 집에 안 들어오셨니?"하고 물었다.

"……"

"어디 계신지 모르는 거야?"

"……"

숙자는 선생님이 물을 때마다 그냥 고개만 끄덕였다.

"혹시 숙자, 엄마 때문에 운동회 연습도 못 하겠다고 그런 건 아니니?"

선생님은 숙자 마음을 떠보기라도 하려는 듯 물었다.

"아뇨, 정말 아파서 그래요."

"어디가 아픈데?"

"저 햇볕에만 나가면 어지럽구요. 배도 아파요. 부채춤 출 때 돌고 나면 막 토하구요."

"그럼 병원에 가봐야지."

"아빠가 바쁘셔서 그래요. 오늘 갈 거예요."

선생님은 숙자 말을 듣고 그냥 잠자코 있다가 다시 말을 건넸다.

"숙자 너, 요즘 숙제도 안 해오고 일기도 계속 안 내던데?"

"……."

"숙자야, 숙자는 어머니가 계실 때도 뭐든지 혼자 잘했지? 어머니가 안 계실 수록 제 할 일은 제가 스스로 잘해야지. 선생님은 숙자를 착하고 성실한 어린이로 봤는데 요즘 실망스러운 걸."

[……] 숙자는 선생님의 긴 이야기를 빼놓지 않고 들으려고 애썼다. 모두 다 이해할 수는 없었지만 선생님도 괭이부리말에 살았다는 것만으로 선생님과 가까워진 느낌이 들었다. 그러나 선생님의 말은 숙자의 마음 깊은 곳에 난 상처를 쓰다듬어주지는 못했다. 그래서 숙자는 선생님한테, 사실은 부채춤 출 때 입을 한복이 없다는 말을 하지 않았다. 운동회 때 올 사람이 아무도 없어서 아무것도 하기 싫다는 말도 하지 않았다. 일기를 쓰려고 일기장을 펴 들면 자꾸 어머니 생각이 나서 일기를 쓸 수 없다는 말도 하지 않았다.

[……] 운동회 연습 때문에 오늘도 수업이 일찍 끝났다. 선생님은 오늘도 숙자를 부르지 않았다.

숙자는 하루 종일 지난번처럼 선생님이 불러주기를 바랐다. 선생님이 다시 한 번만 부채춤을 추라고 하면 출 생각이었다.

5,6교시는 수업을 하지 않고 5,6학년들이 모두 부채춤 연습을 했다. 아이들이 부채춤을 추는 동안 숙자는 철봉 앞에서 모래 장난만 하고 놀았다. 부채춤을 추지 않으면 교실을 지켜야 하는데, 숙자는 일부러 운동장에 나와 한 시간 반 동안 내내 모래 장난을 했다. 선생님 눈에 띄고 싶었기 때문이다. 그

러나 그 바람도 아무 소용없었다.

— 김중미, 《괭이부리말 아이들》

아이들은 어른들이 생각하는 것보다 조숙하고 마음자리가 깊다. 상처가 많을수록 속마음을 숨긴다. 그 대신 온몸으로 말을 한다. 어른들은 아이들의 몸짓을 잘 이해하지 못해 서로 동문서답을 할 때가 많다. 물론 아이들 역시 자신들의 행동을 스스로 이해하지 못할 때가 많다. 아픈 마음을 솔직히 드러낼 방법이 없어서, 혹은 그 아픈 마음을 드러냈다가 또 다른 상처를 입을까 두려워 어른들이 용납하지 못하는 행동으로 자신을 드러낼 때가 많다. 《괭이부리말 아이들》을 쓰면서 나는 동수와 숙자, 숙희의 마음을 대변해주고 싶었다. 《내 동생 아영이》에서는 다운증후군인 동생 때문에 속상해하는 영욱이의 마음을 읽어주고 싶었다. 《반두비》에서는 이주민으로 사는 방글라데시 소녀 디이나의 마음을, 《종이밥》에서는 송이와 철이의 외로움을 드러내고자 했다. 관찰자의 시점으로 상처받은 아이들을 동정하는 것이 아니라 그 아이의 자리에 서서 그 아이의 현실이나 마음을 드러내고자 했다. 어린이에게 주는 글을 쓰려면 항상 아이들의 관점으로 세상을 보는 눈이 필요하다. 어린 시절 책은 꿈을 꾸게 하고, 먼 세상으로 여행을 떠나게 하고, 호기심을 자극하고, 언어가 주는 아름다움과 즐거움을 맛볼 수 있게 했다. 소설을 통해 다양한 인간상을 경험하고 현실에서 만

나는 사람들을 이해할 수 있게 되었다. 세상을 살아가는 일이 그리 녹록하지 않다는 것, 누구나 상실과 이별의 아픔을 겪고 혼자서 외로움을 견뎌야 하며, 그리움을 몇 개씩 품고 살 수밖에 없다는 것도 알았다. 그 힘으로 쉽지 않았던 성장기를 견뎌냈다. 또 책을 통해 세상에는 힘세고 강한 소수와 약하고 가난한 대다수의 사람이 살고 있고 힘센 사람 편에 서는 것보다 약하고 가난한 이들 편에 서는 것이 옳다는 것을 알았다. 착한 마음을 갖고 사는 것이 남을 이기려는 마음을 갖는 것보다 행복하다는 걸 알았다.

문학은 약한 이의 편에 서야 한다

요즘 아이들은 문학을 통해 세상에 대한 정보를 얻거나 경험할 수 없는 미지의 세계를 간접 체험하지 않아도 된다. 아이들은 인터넷을 통해 실시간으로 온갖 정보를 얻고, 지구 저편의 소식을 접할 수 있다. 초등학교 때 이미 외국 여행을 다녀온 아이들도 많다. 간접 체험이 아니라 얼마든지 직접 체험이 가능한 세상을 살고 있다. 세상은 변했고 그 변한 세상을 살아가는 아이들도 변했다. 올바름의 가치가 변했고, 착한 사람으로 사는 것이 어리석은 일이라 여겨지는 세상이 되었다. 그러나 나는 아직도 어린이문학과 청소년문학은 약한 이의 편에 서야 한다고 믿는다. 아이들에게 꿈과 희망을 주는 것이 문학의 역할이라면 그 아이들이 서 있는 현실을 바로 보게 하는 것이 먼저라고 생각한다. 그래서 나는 내 작품의 무대를 사람들이 외면하고 미처 보지 못한 곳으로 삼는다. 그곳이 바로 희망이 싹트는 곳이고 이 세상을 살아 숨 쉬게 하는 뿌리가 있는 곳이기 때문이다. 나는 아무리 세상이 변했다 해도 어린이들 안에는 착한 마음이, 측은지심이, 연대의 힘이 있다고 믿는다. 그래서 글을 통해 아이들 안에 있는 선한 마음을 일깨워주고, 결핍을 알게 해주고, 외로움과 가난, 그리고 옳고 그름을 알게 해주고 싶다. 어린이와 청소년을 위한 문학을 하기 위해 내가 포기해서는 안 되는 일, 그것은 바로 별 볼일 없는 아이들을 사랑하며 지금 여기를 사는 것이다. 그것이 내 글쓰기의 시작이고 끝이다.

나는 철학 글을 어떻게 쓰는가

대중을 위한 철학 글쓰기

철학자 최훈

지식의 확산과 활발한 토론을 위하여

기자는 기사로 말하고, 판사는 판결로 말한다고 한다. 그러면 교수는 무엇으로 말할까?

이 질문에 대답하기 위해 철학자 칼 포퍼의 성당 비유를 꺼내 보자. 포퍼는 학문 이론을 세우는 것을 성당 건설과 유지에 비유한 적이 있다. 성당을 짓기 위해서는 설계자가 필요하고 기술자도 필요하다. 그리고 완공된 다음에 그 성당을 유지 보수하고 관리하는 사람도 필요하다. 더 나아가서 이름난 성당이라면 그 성당이 어떻게 만들어졌고 어떤 점에서 유지될 가치가 있는지 사람들에게 알리는 사람도 필요하다. 학문을 직업으로 삼은 사람, 곧 교수도 마찬가지다. 창의적인 연구를 통해 이론을 처음으로 제시하는 교수도 있어야 하고 그 이론을 세련되게 만드는 교수도 필요하다. 그리고 그 이론이 유지될 수 있도록 다른 이론의 공격으로부터 방어하는 교수도 필요하다. 더 나아가서 그 이론을 다른 교수들 또는 일반인들에게 알리는 교수도 필요하다. 성당을 만들고 유지하는 데 어느 누구도 중요하지 않은 사람이 없다. 교수의 세계에서도 마찬가지다.

현재 우리나라의 대학에서는 대학 평가와 성과급이라는 채찍으로 교수에게 끊임없이 논문 쓰기를 요구한다. 끊임없이 땅을 파헤치고 집을 짓는 토건업자처럼, 죄다 새로운 이론만 만들기를 요구한다. 그러나 모든 교수들이 새로운 이론을 만들고 다듬을 수도 없고 그럴 필요도 없다. 연구 결과를 학생들에게 잘 가르치고 일반인들에게 알리는 교수도 필요한 것이다. 동료 학자를 대상으로 하는 논문을 쓰는 교수도 있어야 하고, 일반인을 위한 책을 쓰는 교수도 있어야 한다. 그리고 강의만 하는 교수도 있어야 한다. 모두 필요한 역할이므로 각자의 취향과 능력에 따라 선택할 뿐이다. 대학 때 은사님 중 한 분은 서구 지식 수입상이 아니라 지식 생산자가 되겠다는 말씀을 하셨는데, 지식 수입상을 꼭 창피하게 생각할 필요는 없다. 지식 생산자도 있어야 하고, 지식 수입상도 있어야 한다. 그리고 정치인 유시민이 왕년에 자처했던 '지식 소매상'도 있어야 한다.

그러면 들머리에서 던졌던 질문으로 돌아가자. 교수는 무엇으로 말하는가? 논문으로 말하는 교수도 있고 강의로 말하는 교수도 있고 책으로 말하는 교수도 있고 사회 참여로 말하는 교수도 있다. 교수마다 다 다르다. 또 그래야 한다.

나는 그 중 책으로 말하는 쪽을 선택했다. 지금까지 여남은 권의 졸저를 냈는데 한두 권의 학술서를 빼면 대체로 대중철학서 아니면 교과서이다. 소수의 동료 학자들보다는 대중과 소통하는 작업이 더 재미있고 나름대로 의미가 있다고 생각해서이다. 논문을 읽는 이는 같은 전공, 그것도 같은 주제에 관심 있는 학자로 아주 제한되어 있다. 과장된 이야기겠지만 논문은 논문 작성자와 심사자 두 명만 읽는다는 말도 있다. 그러나 책을 쓰면 두 명보다는(!) 더 읽는다. 내가 가지고 있는 지식을 더 많은 사람들과 나누고 싶다는 생각, 그리고 그들의 이야기를 듣고 싶다는 생각이 책을 쓰게 이끈다. 그리고 논문보다는 호흡이 긴 책이 어떤 주제를 정해 내 생각을 전달하기에 훨씬 적합하다.

책, 그것도 대중을 독자로 하는 책을 쓰게 된 데에는 현실적인 필요성도 작용했다. 학교에서 학생들을 가르치기 시작한 이후 대학원보다는 주로 교양 과정이나 학부에서 학생들을 가르치다보니 그들의 수준에 맞는 강의를 준비하게 되고 그것은 자연스럽게 대중서 집필로 이어지게 되었다. 많은 교수들이 연구하는 것 따로 강의하는 것 따로인 상황에 빠지는데, 연구와 강의가 일치한 것은 행운이라면 행운이다.

그러나 이런저런 책을 쓰면서도 고등학교 다닐 때 국어 교과서에 실려 있던 글의 구절들이 머리를 맴돈다. 철학자 고 김태길 선생은 〈글을 쓴다는 것〉이라는 수필에서 함부로 글을 쓰지 말라고 말했다. "글이란, 체험과 사색의 기록이어야 한다. 그리고 체험과 사색에는 시간이 필요하다. (……) 암탉의 배를 가르고, 생기다만 알을 꺼내는 것은 어리석은 일이다. 따라서 한동안 붓두껍을 덮어두는 것이 때로는 극히 필요하다. 하고 싶은 말이 안으로부터 넘쳐흐를 때, 그때에 비로소 붓을 들어야 한다." 그러나 나는 성급하게 붓두껍 여는 것을 이렇게 변명한다. 적어도 지식의 확산과 활발한 토론이라는 차원에서는 이런 신중함이 지나치면 방해가 된다. 같은 주제에 대해서 고민하는 사람들 몇 명에게라도 도움이 되고 담론을 활성화하기 위해서는 일단은 글쓰기라는 실천으로 연결되어야 한다. '하고 싶은 말이 안으로부터 넘쳐흐를 때'까지 기다리다가는 아무 글도 못 쓸 것 같은 우려도 있고, 실제로 그런 선배들을 많이 봤다. 그러나 김태길 선생이 남작濫作을 걱정했던 까닭은 "인기를 노리고 붓대를 놀리는 경우"와 "현학의 허세로써 자신을 과시하는 일" 때문이었다. 나에게 그런 욕심이 없는지 자신할 수는 없다.

대중서는 교수 아닌 저자들도 쓴다. 아니 교수 아닌 저자가 훨씬 더 많다. 그러면 교수가 쓰는 대중서와 교수 아닌 저자의 대중서는 어떻게 다를까? 내 생각에는 두 가지 점에서 다른 것 같다. 아니 더 정확히 말하면 달라야 할 것 같다.

첫째, 대중을 독자로 상정한다고 하더라도 교수가 쓰는 대중서에는 학술 연구 성과가 반영된다. 교수 스스로가 다른 학술서나 논문의 연구 성과에서 공부한 것을 대중들이 이해할 수 있도록 서술한다. 성당 비유로 다시 말해보자면, 성당을 보수 유지하거나 안내하는 사람도 그 성당이 설계되고 건설되는 현장에 있었거나 그 과정을 들었다면 보수 유지나 안내를 훨씬 더 잘할 것이다. 학문에서도 마찬가지다. 이론을 가르치고 알리는 데 관심이 있는 학자라도, 그 이론을 만든 학자들과 직간접적으로 대화를 나눈다면 더 잘 가르치고 알릴 수 있을 것이다. 이론의 수입상이나 소매상도 생산지를 방문하고 가끔은 제작 과정에도 참여해봐야 품질 좋은 제품을 신속하고 정확하게 들여올 수 있는 이치이다.

둘째, 교수의 대중서는 어느 정도는 계몽적인 역할을 해야 한다. 단지 독자들이 어떤 종류의 글을 좋아하는지만 고려해서는 안 되고 독자들에게 어떤 종류의 글을 읽혀야 하는지를 먼저 고려해야 한다. 대중들은 자극적인 소재와 말랑말랑한 스타일의 글을 좋아한다. 그런 '니즈needs'를 아는 편집자도 그런 글쓰기를 원한다. 물론 그런 트렌드를 읽을 줄 알아야 하고 따라갈 필요도 있다. 그러나 선생으로서의 역할을 잊지 않고 대중들에게 바람직한 길을 제시할 수 있는 글을 써야 한다. 말은 이렇게 하지만, 공기도 좋고 교통도 좋은 고장을 찾기 어려운 것처럼, 학문적 토대가 튼튼하고 대중을 계몽하면서도 대중이 즐겨 읽는 글쓰기를 한다는 게 그리 쉬운 일인가?

학문적 토대 위에 대중의 필요 녹여내는 글

그러면 어떤 식으로 글을 쓰는 것이 좋을까? 졸저를 예로 들어 나의 글쓰기 방식을 이야기해보겠다. 글을 쓰는 첫 번째 단계는 무엇을 쓸지 주제를 정하는 것이다. 논문이나 학술서라면 자신이 평소에 연구하던 주제가 곧 집필 주제가 되겠지만, 대중서는 일반인들이 무엇을 필요로 하는지도 살펴야 하고 그것을 써야 할 당위성도 고려해야 한다. 내가 쓰는 책들은 대중을 대상으로 하는 철학책 또는 논리책들이다. 독자가 많지는 않지만 철학책은 꾸준히 찾는다. 최근의 인문학에 대한 수요도 한 몫 하는 것 같다. 그러면 어떤 철학책을 써야 할까? 기왕의 철학책들이 많이 있는데 비슷한 책을 한 권 더 쓰는 것이 의미가 있을까? 현재 시중에 나와 있는 철학대중서들은 철학사의 인물들에 관한 지식을 전달하는 책이 많다. 어떤 철학자가 어떤 시대적 배경에서 활동했고 무슨 말을 했는지 아는 것도 의미가 있다. 그러나 철학을 가르칠 것이 아니라 철학함을 가르치라는 칸트의 말은 여전히 유효하다. 어떤 철학자가 무슨 말을 했는지 아는 것은 유식함을 드러내는 데 도움이 되겠지만, 철학이 정작 나날의 삶에 도움을 줄 수 있는 것은 대상과 사태를 근본에서부터 파헤치고 거기에 사용되는 개념을 정확히 분석하는 것이 철학적인 사고방식이기 때문이다. 철학적으로 사고하는 데 도움을 주는 글을 써야 하겠다, 라는 계몽적 의지가 여기서 개입된다. 그러나 철학적 사고는 어렵다. 어렵지 않은 학문이 없겠지만, 존재니 인식이니 하는 철학의 주제는 수학과 더불어 가장 추상도가 높기 때문에 그에 익숙하지 않은 일반인들에게는 그런 주제를 왜 다루어야 하는지부터 설명하기가 쉽지 않다. 그래서 《라플라스의 악마, 철학을 묻다》에서 그 철학적 주제를 전달하는 방식으로 선택한 것은 사고실험이었다.

사고실험은 "이렇게 생각해보면 어떨까?" 하고 생각해보는 것이다. 과학자들은 실험실에서 비커와 시약을 가지고 실험을 하지만, 철학자들은 안락의자에 앉아 머리를 굴려가며 이러면 어떨까, 저러면 어떨까 하고 실험을 해본다. 사고실험들은 머리로만 생각하다보니 논리적으로는 가능하지만 실제로는 전혀 일어날 가능성이 없다는 점에서 비현실적일 때가 많다. 그러나 생각이 가질 수 있는 가장 극단적인 점까지 보여준다는 점에서 우리의 창의성과 논리력을 길러주기도 하고, 무엇보다도 스토리텔링 형식으로 되어 있어 재미가 있다. 그래서 어떻게 보면 황당해 보이는 SF 소설이나 영화에 즐겨 이용되기도 한다. 이런 것들을 통해서 철학에 접근하면 철학을 좀 더 쉽게 이해할 수 있고 친근감을 느낄 수 있으며 철학적 문제를 자기 문제로 만들 수도 있다.

― 최훈, 《라플라스의 악마, 철학을 묻다》 머리말

그래서 책의 구성은 형이상학, 인식론, 윤리학, 논리학 등 전통적인 문제를 나열하는 구닥다리 방식을 택했지만, 거기에 접근하는 방식은 사고실험을 이용하여 고리타분하지 않게 하였다.

논리적 사고에 대한 수요는 철학보다 많은 것 같다. 시들해지긴 했지만 논술 시험 때문에 청소년의 논리 공부 수요도 있고, 일반인들 중에서도 '말발이 달리는' 경험 때문에 어떻게 하면 논리적으로 말을 하고 글을 쓸 수 있는지 고민하는 사람들이 많다. 상대방 말이 어딘가 틀린 것 같지만 그것을 지적할 수 없어서 답답한 것이다. 그러나 논리책도 흔하디흔하다. 특히 나는 2002년에 《논리는 나의 힘》이라는 논리적 사고에 관한 책을 낸 적이 있기 때문에, 어떤 논리책을 써도 그것과 차별화가 안 될 것 같았다. 후속작을 써야겠다는 생각도 하고 몇 군데서 원고 청탁도 받았지만 한참을 쓰지 못했다. 그러다가 인터넷의 댓글들을 보니 대체로 논리적이지 못한 사람들은 논리적인 사고에 대한 지식이 없는 사람들이 아니라 상대방에 대한 이해와 배려가 부족한 사람들이라는 생각을 하게 되었다. 그래서 8년 만에 쓰게 된 책이 《변호사 논증법》이다.

> 우리가 변호사에게 배울 것은 화려한 말솜씨가 아니다. 상대방을 압도하는 논리 기술도 아니다. 그것만 배워서는 논리 문제 푸는 기술자나 궤변론자가 될 뿐이다. 우리는 변호사로부터 바로 상대방에 대한 관심과 자비심을 배워야 한다. 그런 자비로운 마음을 가졌을 때 진정으로 논리적으로 생각할 수 있고, 논쟁에서도 결국 이길 수 있다. [……] 이 책은 논리학의 연구 성과를 바탕으로 한다. 그러나 논리학 책에서 가르치는 논리 기술은 배우기도 어렵다. 열 몇 개의 논리 규칙, 또 그만한 수의 오류를 외워야 한다. 그 많은 것을 외우고 실제 상황에 정확히 적용한다는 것은 불가능에 가깝다. 주장들이 제시되는 상황은 수학 공식처럼 딱딱 떨어지는 것도 아니고 이렇게도 볼 수 있고 저렇게도 볼 수 있는 '살아 있는' 맥락이기 때문이다. 이 책은 그 많은 논증과 오류의 이름을 외우는 대신에 마음가짐을 강조한다. 바로 자비로운 태도다. 그런 태도는 마음먹기에 달려 있다. 내 머리가 나쁜 것을 탓할 필요가 없다. 착한 마음, 자비로운 마음만 가지면 누구나 논리적인 사람이 될 수 있다. 그리고 논쟁에서도 이길 수 있다.
>
> —최훈, 《변호사 논증법》 프롤로그

전문 지식은 말랑말랑하게

기획은 아무래도 글쓴이 혼자서 할 수 없다. 대중의 독서 취향과 트렌드를 잘 아는 편집자와 끊임없이 대화하여 집필 방향을 잡아야 한다. 그래서 좋은 편집자를 만나는 것은 큰 복이다. 이런 이유로 나는《변호사 논증법》의 에필로그에 저자와 편집자의 관계를 투수와 포수의 관계에 비유했다. "좋은 편집자는 야구의 포수와 같다고 한다. 타자의 장단점을 파악하여 투수에게 전달하고, 투수가 가장 잘 던질 수 있는 공을 요구하고, 어이없는 공을 던져도 몸으로 막아주리라는 믿음을 주는 존재가 좋은 포수다. 편집자도 독자의 궁금증을 잘 파악하고, 필자가 가지고 있는 능력을 최대한 뽑아내고, 필자의 오류도 바로 잡아준다." 그러나 실투는 온전히 투수의 몫이라는 말도 잊지 않았다.

편집자는 집필 방향의 기획을 함께 하는 파트너이기도 하지만 글쓴이의 글을 읽는 첫 독자이기도 하다. 편집자도 독자의 한 명이므로 편집자가 이해하기 힘들다고 할 때는 과감히 수정해야 한다.《세상에 믿을 놈 하나 없다: 데카르트와 버클리》란 책을 쓸 때의 이야기이다. 데카르트와 버클리의 철학을 소개하면서, 어떤 책에 데카르트와 버클리의 철학을 잘못 이해한 학생의 답안지가 소개되어 있는데 그게 무척이나 재미있어서 그것을 인용해서 원고를 썼다.

데카르트는 실체가 두 가지라고 말했다. 즉 정신과 사람의 육체이다. 버클리는 단지 하나의 실체가 있다고 말했다. 즉 신의 정신이다. 그들은 양초에 관해 의견을 달리했다. 데카르트는 양초는 존재하며 그리고 양초는 녹을 것이라고 했다. 하지만 버클리에 의하면 양초는 녹지 않을 것이다. 왜냐하면 그 양초는 신의 정신 안에 있는 것이며 신의 정신은 녹을 수 없기 때문에 양초 역시 녹을 수 없다는 것이다.

나는 배를 잡고 깔깔거리고 웃은 답안인데, 편집자는 이게 왜 재미있는지 전혀 모르겠다는 것이다. 그 편집자뿐만 아니라 다른 편집자도 마찬가지 반응이다. 아, 이런 것은 우리 '업계'에서나 통하는 농담이구나, 라고 생각하며 아쉽지만 원고에서 뺐다. 왜 이런 것도 이해 못할까 속 터질 때도 있지만 그것을 이해 못 시키는 것은 전적으로 글쓴이의 책임이다. 선동열이 감독이 된 이후 선수들이 왜 이렇게 못할까 답답해했다지만 그런 선수들을 잘 지도하는 것이 훌륭한 감독이다. 더구나 내 책의 독자들은 못하는 선수가 아니라 굳이 말하면 관중이니 그들이 못한다고 탓할 수는 없는 것 아닌가? 또 내가 선동열급 작가도 아니지 않은가? 성철 스님 정도 되면 "물은 물이요, 산은 산이로다."라고 말하면 사람들이 새겨서 듣겠지만 나는 최대한 독자 눈높이에서 써야 하지 않는가? 독자를 이해시키지 못하는 나를 책망해야 한다. 일차적으로 편집자가 이해를 못하면 글을 이렇게 읽어달라고 간청할 수 없다. 그것은 곧 더 많은 수의 독자들에게 내 글을 이렇게 읽어달라고 간청하는 꼴이니까. 그런 간청이 꼭 필요하다면 글 속에 녹여야 한다.

편집자에게 애벌 원고를 보낸 다음에 답변을 기다리는 것은 시험 결과를 기다리는 수험생처럼 조마조마하다. 낯이 뜨겁도록 혹독하게 비평하는 편집자도 있다. 그러나 과감히 받아들여야 한다. 위에서 말한 것처럼 편집자는 첫 독자이기도 하지만, 출판에 대해서는 전문가이기도 하기 때문이다. 대중의 반응을 기다릴 필요가 없는 학술서라면 상관없지만 처음부터 대중에게 읽히기 위해 기획된 책이라면 편집자의 전문적인 의견을 대체로 받아들여야 한다는 것이 내 생각이다.

 기획이 끝나면 두 번째 단계로 실제 집필에 들어간다. 앞서 학문적인 연구 성과가 반영된다는 점에서 교수의 대중서 쓰기가 차별점이 있다고 했는데, 현실적으로도 학술서와 논문들은 글감을 제공해주는 화수분 같은 존재이다. 그것들을 참고하지 않고서는 그야말로 붓 가는 대로 쓰는 글에 머무를 수 있다. 경제학, 경영학이나 심리학과 같은 사회과학 쪽에서는 좋은 국내 저자의 책을 찾기 어려운데, 외국 도서들을 보면 탄탄한 이론으로 무장하면서도 대중들의 구미에 맞춘 책이 많다. 그 책들의 저자들은 학술 논문들을 읽으면서 집필 콘셉트를 잡기도 하고, 집필 콘셉트가 잡히면 또 관련 논문들을 읽고 하는 과정을 되풀이할 것이다. 그런 책들은 방대한 참고문헌들을 제시하고 있는데, 무거운 학술서의 느낌이 나지 않도록 포장하는 것이 편집부의 역량이다. 나의 경우에도 《라플라스의 악마, 철학을 묻다》를 쓸 때 학술 논문들을 뻔질나게 뒤져야 했다. 데카르트의 '전지전능한 악마' 사고실험 같은 것은 그나마 널리 알려져 있지만 그 외에 그 주제를 전공하는 학자들만 읽을 학술지에서 찾은 사고실험들은, 일반인들도 쉽게 읽을 수 있도록 해야 했다. 예를 들어서 물질과 정신이 동일한 것인지 별개의 것인지를 다루는 심신 문제가 있다. 그 둘이 별개의 것이라고 주장하는 이원론 쪽에서 뇌에 대해서 모든 것을 안다고 해도 마음에 대해서 모르는 것이 있다고 주장할 때, 일원론 쪽에서는 인식론적 차이가 존재론적 차이를 함축하는 것은 아니라고 답변한다. 그 답변은 다음과 같은 이야기로 전달해야 한다.

> 훈이는 어느 날 거미에게 물려 스파이더맨이 되었다. 자신에게 특별한 힘이 생긴 것을 알게 된 훈이는 그 힘을 이 사회의 정의를 바로잡는 데 쓴다. 그러나 훈이가 거미 모양의 복면과 옷을 입고 있기 때문에 세상 사람들은 스파이더맨이 정의의 용사라는 것은 알지만, 그 정의의 용사가 훈이라는 것은 모른다. 훈이의 친한 친구 송이도 스파이더맨이 정의의 용사라는 것은 알지만 훈이가 정의의 용사라는 것은 모른다.
>
> ─최훈,《라플라스의 악마, 철학을 묻다》6장

영화 〈스파이더맨〉에서 여자주인공은 스파이더맨이 정의의 용사라는 것은 알지만, 남자 친구인 피터가 스파이더맨이라는 것은 모른다. 그렇다고 해서 피터가 스파이더맨과 다른 사람인 것은 아니다. 인식론적으로 다르다고 해서 꼭 존재론적으로 다르지 않다는 것을, 독자들이 많이 알고 있는 〈스파이더맨〉 영화 스토리를 통해 설명하는 식이다.

글쓰기 재료는 평소에 갈무리

논리학 서적인 《논리는 나의 힘》이나 《변호사 논증법》은 글거리가 논문에 있는 것이 아니어서 다른 방향에서 접근해야 했다. 현대 논리학은 주로 기호화, 수리화가 많이 되어 있어서 일상생활에서 필요로 하는 논리적 사고에 직접 도움을 주기가 힘들기 때문이다. 외국의 논리학 교과서나 대중서적도 별로 도움이 안 된다. 교과서에 나오는 사례란 것이 실제 삶에서 만날 수 있는 것들이 아니라, 애매어의 오류의 예로 "모든 썩은 것들은 먹을 수 없다. 저 정치인은 썩었다. 그러므로 저 정치인은 먹을 수 없다."를 드는 것처럼, 오직 교과서에서만 볼 수 있는 억지로 만든 것투성이이기 때문이다. 또 실생활의 사례라고 하는 것도 그 나라의 특정 정치인의 발언이나 광고 카피 등 그쪽 문화 맥락에서만 이해 가능한 것들이라 번역을 해도 무슨 말인지 이해하기도 힘들뿐더러 논리적 교훈을 얻기는 더욱 어렵다. 《변호사 논증법》을 쓸 때 편집자가 필자에게 강조한 것도 '추상적인 원리'보다는 책을 읽고 나서 생활 곳곳에서 '써먹을 수 있을 것 같은 느낌'이었다. 이런 종류의 책을 사는 독자들은 논리를 위한 논리가 아니라 실제 삶을 위한 논리학을 필요로 한다. 그래서 추상적인 원리가 하나 나온다면 그것이 변형된 사례 한두 개, 그리고 그것을 이용할 수 있는 '실전 상황' 한두 개는 나와 주어야 한다. 그래야 적어도 논리 면에서 더 이상 손해 보며 살고 싶지 않다는 사람들에게 어필할 수 있는 책이 될 것이다.

그래서 논리적 사고의 재료가 되는 논증이 흔한 곳, 곧 언론의 칼럼이나 독자 투고, TV나 라디오의 토론 프로그램, 인터넷의 토론방이나 댓글을 주의 깊게 보고, 필요하면 메모해둔다. 예컨대 '우물에 독 풀기'라는 오류가 있다. 상대방이 편견을 가지고 있어서 공정한 판단을 내리지 못한다고 비판할 때 저지르는 오류이다. "사장은 사장이니까 급여 동결에 반대한다."라는 게 전형적인 예인데 뭔가 생생함이 부족하다. 정치 관련 토론을 하는 인터넷 게시판을 보면 "너 알바지?"라는 댓글이 많이 올라온다. 자신이 지지하는 정책에 반대되는 주장을 하면 그 정책에 반대하는 정당에서 아르바이트로 돈을 받고 그런 의견을 쓴다는 의심의 댓글이다. 돈을 받고 이런 의견을 달기 때문에 그 의견은 들을 가치도 없다는 뜻인데, 상대방이 어떤 주장을 해도 "너 알바지?"라는 한마디로 발언의 근원에 독을 풀어버리는 것이다. 사례들이 이 정도의 생생함은 있어야 할 것 같다. (그런데 작금의 상황을 보면 인터넷 알바라는 추측이 막연한 의심이 아니게 되었다. 그러니 저 댓글이 우물에 독을 푸는 오류인지 다시 생각해봐야 할 시점이다.) 이런 식으로 인터넷을 뒤지며 '실전 상황'을 발굴해서 《논리는 나의 힘》이나 《변호사 논증법》의 사례로 제시했다. 얼마 전에는 다음과 같은 댓글을 봤다.

A 매년마다 스마트폰은 진화를 하고 있네요. 이러다가 인간이 스마트폰의

성능을 따라가지 못하는 시대가 올 수도…… 지금 어르신들이 그렇듯이……

B 아! 내가 당신 댓글 달려고 회원가입까지 했습니다. 참…… '지금 어르신들이 그렇듯이'에 열 받아서…… 제가 지금 당신이 말하는 어르신 나이인데, 제가 아이폰에 들어가는 LPDDR2 Mobile Chip을 개발하는 사람입니다. 다음 아이폰 6~7에 들어갈 LPDDR3도 2분기 내에 계획 중입니다. 20대 젊은 이들이 세상 잘 즐기며 사는 것은 좋습니다만, 기성세대들이 만들어놓은 텃밭에서 잘난 척 안 했으면 합니다. 아이폰 만드는 데 "i"에도 손 못대어 봤으면서 그런 말 막하지 말았으면 합니다.

A의 의견을 '성급한 일반화의 오류' 사례로 보는 의견도 있던데 정확히 말하면 성급한 일반화의 오류는 아니다. 그 일반화에 대해서 B가 그 일반화가 성급한 것 아니냐 또는 예외가 있다는 정도의 반론을 한 것으로 봐야 한다. 어쨌든 일반화 논증 또는 '성급한 일반화의 오류'의, 훌륭하면서도 웃음이 터져 나오는 사례가 될 수 있다. 이런 식으로 스크랩해두면 다음 집필할 때 어떤 식으로든 이용할 수 있다.

주변 사람들의 대화도 좋은 소재이다. 논리학에서 '선결 문제 요구의 오류'라는 것은 입증해야 할 주장을 오히려 근거로 가져다 쓰는 경우를 말한다. 같이 근무하는 교수 한 명이 나에게 대학 본부의 보직을 맡은 교수들에 대해 이런 불만을 말한 적이 있다. "그들에게 어떠어떠한 일을 해달라고 요구하면 규정 때문에 안 된다고 말하는 경우가 많다. 그런데 나는 그런 규정이 있다는 것을 모르고 요구한 것이 아니라, 그 보직을 맡고 있는 사람 정도의 위치라면 그 규정을 바꿀 수 있거나 최소한 그 규정에 예외를 적용할 수 있다고 생각해서 요구를 했다. 규정 운운하면서 거부하는 것은 규정을 기계적으로 적용만 하는 것으로 말단 직원도 할 수 있는 일이다. 그 사람을 높은 자리에 앉혀놓은 것은 규정을 바꾸거나 예외를 판단할 수 있는 능력이 있다고 생각하기 때문인데, 규정을 거론하며 반대하는 것은 직무를 유기한 것이라고 볼 수밖에 없다." 나는 이 말을 기억해두었다가 책을 쓸 때 선결 문제 요구의 오류의 사례로 제시했다. 현재 논란거리가 되는 것은 규정이 옳은가 그른가인데, 어떤 근거를 제시해서 그 규정이 올바름을 입증하지 않고 그대로 적용하기 때문이다.

글말보다는 입말에 가깝게

기획이나 자료 수집은 노력에 의해서 된다고 하더라도 고치기 어려운 부분은 문체이다. 승진과 성과급의 의무에 여전히 짓눌리고 있어 논문을 써야 하는 나로서는 논문 쓸 때의 문체가 남아 있기 때문이다. 쉽게 말해서 문체가 너무 설명적이거나 '논리적이어서' 지루하게 될 가능성이 크다. 논리책을 쓰면서 '논리적'인 게 오히려 짐이 되는 아이러니다. 가령《변호사 논증법》에서 처음 썼던 원고를 보자.

다른 사람을 논리적으로 설득하기 위해서는 논증을 제시해야 한다. 이것을 뒤집어서 말하면 논증의 기본적인 목표는 다른 사람을 논리적으로 설득하는 것이다. '논리적으로'라는 말이 붙은 것은 위에서 말한 것처럼 논증 또는 설득의 규범에 맞게 설득을 해야 한다는 것을 뜻한다.

논증은 기본적으로 두 사람 사이에서 이루어지는 대화의 형태로 되어 있다. 물론 사설, 광고, 연설처럼 대중을 상대로 하는 논증도 있지만, 그것도 그런 논증을 만든 사람이 대중과 가상의 대화를 주고받는 것으로 이해할 수 있다. 우리는 다른 사람과 여러 가지 대화를 하지만, 그 사람으로부터 어떤 정보를 얻으려는 목적으로 대화를 하거나 그 사람을 가르치려는 목적으로 대화를 할 때는 논증이라고 하지 않는다. 상대방을 설득하는 것이 목적이 아니기 때문이다. 설득을 하기 위해서는 나와 상대방이 서로 의견이 다른 어떤 논점(이슈)이 있어야 한다. 그러나 정보를 얻거나 가르치려는 상황에서는 그런 것이 없다. 그러므로 그때는 설득을 하고 자시고 할 상황이 아니다. 말싸움은 논증과 가까운 것 같다. 그러나 말싸움과 논증의 결정적인 차이는 말싸움은 설득을 하려는 것이 아니라는 것이다. 말싸움은 합리적인 방법으로, 다시 말해서 논리적으로 자신의 의견을 상대방이 받아들이게 하는 데 목적이 있는 것이 아니라 수단과 방법을 가리지 않고 상대방을 이기는 데 목적이 있기 때문이다. 치고받는 싸움에 무슨 규범이 있는 것이 아닌 것처럼 말싸움에서도 논리적인 설득의 원칙이 적용되지 않는다.

담당 편집자로부터 매서운 질타(?)를 받았다. 문장의 정보 구성이 $A \rightarrow A'+B \rightarrow B'+C \rightarrow C'+D$ 같은 방식, 곧 뒷 문장이 앞 문장의 내용을 받으면서 이어지는 방식으로 되어 있는데, 논리적이긴 하지만 읽는 맛은 떨어진다는 것이다. 논문을 쓰는 학자의 때를 덜 뺀 탓이다. 편집자는 좀 더 스피디하고 간결하며, 다소 강한 비유나 은유적인 표현을 이용하여 머릿속에 그림이 그려지는 서술을 요구했다. 간결하고 박력 있는 문장으로 핵심을 제시하고 그것을 보강하는 문장은 예시로 표현하라는 것이다. 그래서 위 글을 다음과 같이 바꾸었다.

논증의 궁극적인 목적은 상대를 설득하는 것이다. 단 원칙에 맞게 논리적으로 설득하는 것이다. 논증은 기본적으로 대화의 형태로 되어 있다. 사설, 광고, 연설처럼 이쪽에서 저쪽을 향해 일방적으로 메시지를 전하는 것처럼 보이는 경우에도 사실은 대화를 통해 논증을 하는 것인 경우가 많다. 사설을 읽고 광고를 보는 우리 역시 머릿속에서 그것을 작성한 사람과 메시지를 주고받기 때문이다. 따라서 일방적인 것은 논증이 아니다. 행인이 길을 묻는 것이나 선생님이 학생에게 답을 묻는 것은 논증이 아니다. 분명한 '정답'이 있을 뿐, 서로 다른 '의견'은 있을 수 없기 때문이다.

논증은 말싸움과도 다르다. 변호사 역시 재판에서 이기려고 하지만 어디까지나 '논리'를 통해서 이기려고 한다. 반면 말싸움에는 그런 것이 없다. 각자 자기 주장만 우긴다. 누가 옳고 그른지에 대한 분명한 기준이 없으니 싸움은 경찰서에 가서야 끝난다.

논증은 합리적이고 논리적인 방법으로 상대를 이기고자 하는 '대화의 스포츠'다. 분명한 룰이 있고, 페어플레이를 해야 하고, 결과에 승복해야 한다. 그래서 논증은 아주 세련된 대화의 기술인 동시에 누구라도 참여하면 거기에 복종할 수밖에 없는 절대 게임이다. 이것이 바로 논증의 힘이다. 잘난 척하는 김 대리도, 자기 멋대로인 교수님도, 공부 잘하는 친구 녀석도 꼼짝 못하게 만들 수 있다. 깊이 생각하고 잘 벼린 논증 앞에선 권위도, 지위도 무용지물이다. 말의 힘이고 진실의 힘이다. 그리고 논리의 힘이다.

―최훈,《변호사 논증법》1장

이런 식의 문체는 나로서는 지금도 딜레마이다. 논문도 써야만 하는 나에게 학술적인 글쓰기의 문체와 대중적인 글쓰기의 문체 사이의 변환이 말처럼 쉽게 되지는 않기 때문이다.

개인적으로는 글말보다는 입말에 더 가깝게 쓰려고 노력한다. 여러 저자들이 권하는 방법이지만 글을 쓴 다음에 소리 내어 읽어 보아 막힘이 있는지 없는지 살펴보면 글이 쉽게 전달될 수 있는지 확인할 수 있다. 교수는 소리 내어 읽을 수 있는 대상이 있다는 점에서, 곧 학생이라는 '대중'들 앞에서 강의를 할 수 있다는 점에서 특권이 있다. 애벌 원고를 가지고 강의를 하다보면, 논리적 흐름이 정리되기도 하고 미처 생각 못 했던 새로운 아이디어가 떠오르기도 하며 학생들로부터 유익한 피드백을 받을 수도 있다.

그러고 보면 편집자 이전에 학생들이 나의 글의 첫 독자이다. 나는 책으로 말하는 교수를 택했다고 말했지만 내 강의를 들어주는 학생들이 있기에 강의를 하고 그들에게 읽히기 위해 글을 쓴다.

나는 미술평론을 어떻게 쓰는가

진솔한 고백이 해답이다
미술평론가 반이정

오늘날 미술이 생존하는 역설

비엔날레라는 명칭이 붙은 초대형 현대미술 축제를 최소 네 군데 이상의 지방자치단체에서 개최하는 나라가 우리나라다. 미술학과를 개설한 대학도 무수히 많다. 외관상 현대미술 강국으로 손색이 없는 자격이다. 그러나 엄밀히 따져서, 미술을 향한 수요는 극히 적고 한정적이다. 비엔날레는 일선 학교에서 단체 방문하는 견학지로 이용될 뿐 자발적인 관람을 이끌어내지는 못한다. 관람의 재미도 이해도 얻기 힘드니 당연한 일이다. 그게 현실이다. 떠들썩한 창작 구조를 갖췄지만, 수요층은 제한적인 소수에 불과하다.

사실 미술은 우리의 삶이나 교양과 하등 관계없이 고립된 섬으로 존재하는 것처럼 보이기도 한다. 미술이 언론에서 대서특필되거나 언중에 회자되는 경우는, 이권을 노리고 미술품을 뇌물로 주다 적발되거나 일부 미술인이 비리에 연루되었을 때, 또는 근대 화가의 위작 소송 따위가 선정적으로 여론을 자극할 때 정도이다. 이처럼 제한된 수요를 충족시키지만 막연한 숭상의 대상이 되는 것이 현실의 미술인데 그 의미를 풀이하거나 평가하는 일이 내 직업이다. 미술평론.

난해한 건 둘째 치고 미흡한 단서조차 보이지 않는 동시대 미술의 이모저모를 만인이 공유해야 하는 건 아니다. 그렇지만 떠들썩한 미술축제와 셀 수 없이 많은 미술대학이 건재함에도 수요와 공급이 심각하게 불균형한 현실은 회의를 품고 지켜봐야 한다. 제도권 미술은 오랜 역사에 힘입어 관의 지원을 받고, 현대미술에 대한 공동체의 일반적인 무지 때문에 외부 세계로부터 견제를 받지 않아서 존립하는 모양새다. 미술이 안정적인 지위를 보장받는 배경은 이렇듯 역설적이다.

미술비평 속에서 다른 길을 찾다

미술 평단에서 활동할 무렵, 정형화된 기존 미술비평에 회의가 심해서, 의도적으로 다른 노선을 택하기로 결심했다. 그저 평이한 수준의 작품마저 무수한 각주를 매단 주례 비평문이 압도적 다수였고, 비문에 불과한 난해한 평론은 제한된 계층만을 비호하는 배타적이고 계급적인 언어임이 분명했다. 시간예술이 아닌 미술 언어를 단계적 학습도 밟지 않고 이해할 순 없을 것이다. 그러나 미술계도 외부를 향해 이해의 지평을 넓히려는 적극적인 자세보다는 관념적 무게 뒤로 숨어 지위를 보장받으려는 관성이 있다.

이미지 비평(가)이란 어휘가 통용된 때가 있다. 여전히 사장되지 않은 어휘지만 노출 빈도가 예전 같진 않은 것 같다. 미술을 포함해서 비디오, 게임, 만화, 영화, 인터넷까지 시각 정보를 다루는 매체를 포괄적으로 연구할 때 인용되는 용어다. 이 용어는 한국에서 대중예술을 문화 연구의 대상으로 간주하기 시작한 1990년대 초중반 무렵에 본격적으로 등장했다. 문화 연구나 이미지 비평의 견지에서는, 미술도 동일한 시각 정보 중 하나로 다른 연구 대상과 대등하게 간주된다. 이런 평준화된 접근 태도는 미술의 고유한 전통과 가치를 신봉하는 전공자나, 미술을 막연한 숭

배의 대상으로 간주하는 대중에게조차 부당한 대우였을 것이다. 그래선지 미술의 해석은 전문 미술평론가가 전담하되, 미술평론가는 미술관 바깥 사정에는 간섭하지 않는 묵계가 있는 것 같다. 예술과 현실을 분리시켜 사유하면 저 같은 분업이 자연스러운 귀결일지도 모른다.

그러나 예술이 실제 삶과 유기적인 관계라고 믿는 미술평론가라면 실제 삶을 지배하는 시각적인 단서도 당연히 비평 대상으로 삼을 수 있다. 내가 논평의 대상을 찾아 전시장 바깥으로 눈을 돌린 건 2005년이다. 이런 글을 이미지 비평이라 칭해도 되는진 모르겠으나, 우상적 가치를 지니지 않는 주변의 사물을 짧은 단문으로 풀어낸 〈반이정의 사물보기〉는 화이트 큐브white cube*에 예속된 관점에서 벗어나는 기점이 되었다. 이 연재물에서 나는 A4용지, 내복, 정장, 여고생 교복, 머그잔 따위를 짧은 지면 안에 분석했다. 연재한 지 시간이 많이 지난 글이라 지금 내놓기 심히 부끄럽지만, 연재물의 스타일도 확인시키고 글쓰기의 변곡점이 된 계기임을 밝히고자 한 편 골랐다.

세월의 두께로 가치가 가늠되는 골동품조차 보존 상태에 의존할 만큼, 원형 유지에 대한 선천적 기호는 생활 습관 속에서 연장, 재현됩니다. 새치를 은폐하는 염색약과 옷 주름을 잡는 다림질, 모든 세척과 포장은 시간의 증거를

---

* 흰벽으로 둘러싸인 사각의 미술전시장

인멸하고 '쌔걸' 고집하는 인위적 노력입니다. 주행 중인 차 문짝마다 쉽게 관찰되는 하늘색 직육면체 역시 동일한 욕망의 흔적이겠지요. 공장에서 막 출고되어 수송 중인 신차들 간 충격과 흠집 방지용으로 장착된 도어가드였으나 차 주인에게 인계되고도 그대로 부착되어 있는 거니까요. 내 차와 남의 차를 동시에 배려하는 것까진 좋은데 유선형 차체 곡선이나 차의 도색과는 전혀 어울리지 않는 하늘색 직육면체는 외관상 거슬리는 것이 사실입니다. 차주들이야 그리 느끼지 않겠지요. 미관보다 원형 보존의 오랜 욕망이 외면화된 결과이니 말입니다. 오죽하면 시중에 판매되는 공장 출고 당시 도어가드를 모방한 제품의 선전 문구가 '출시될 때 새 차 느낌 그대로'일까요! 새것이 그리 좋습니까? (예!)

― 〈'하늘 색 도어가드'에 관한 사물보기〉, 《한겨레21》 제606호

글쓰기의 생리와 비평 방향 정하기

글쓰기의 과정은 분석 대상과 텅 빈 모니터를 번갈아 응시하면서, "이 정돈 쓸 수 있어."와 "갈피가 안 잡혀서 못할 것 같아."라는 상반된 고백을 내면에서 끊임없이 외치고 듣는 일이다. 글쓰기란 그래서 자신을 향한 협박이자 격려다. 하지만 결국에는 "이 정돈 쓸 수 있어."로 마감하는 것, 그것이 전업 필자가 반복하는 삶의 패턴이다.

직업 불문하고 한 개인이 내놓은 성과물이 그 자신을 구성할 것이다. 그 성과물이 예술작품이건 보험 판매 실적이건 강연이건

또는 글이건 말이다. 그 성과물에 개인의 품성이 투영될 수도 있고 아닐 수도 있다. 그렇지만 어떤 대상을 논평하는 직종이나, 나처럼 '언어'에 전적으로 의존하는 성과물을 내는 직업의 경우는 성과물과 개인의 품성 사이의 동기화가 크다. 허구에 의존하지 않는 한 비평 언어에는 자신의 진심 어린 안목을 투영해야 할 텐데 만에 하나 작품에 대해 맘에 없는 예찬이나 감정에 치우친 혹평을 쏟아놓았다면, 실재를 호도한 그 글은 자신의 성품까지 지배할 것이다. 이런저런 사정 때문에 진심을 호도한 호평이나 혹평은 허물이 되어 거짓말을 만들고 그것을 변명하려고 돌려막기를 하게 된다. 진심보다 미문을 쓰려는 욕망에 사로잡힌다면, 혹은 비평 대상의 지위를 신경 써서 없는 말을 만든다면, 필자의 인품도 점차 파괴되어갈 것이다.

미문으로 다듬으려는 욕망은 접어두고, 당장 욕먹더라도 '저 인간 꼴 보긴 싫어도 없는 말 만드는 놈은 아니었어'라는 인상을 꾸준히 줘야 한다. 표현 미숙은 차차 극복되지만 없는 말을 저도 모르게 지어내거나, 비평 대상과 무의식적으로 타협하거나, 그 덕에 고위 인사와 친분까지 두터워지면 점점 수렁에 빠지면서도 그러한 자신을 숫제 자각도 못 하게 되는 상황이 벌어진다.

전업 필자로서의 자기 관리

전업 필자는 자신을 관리하고 감시할 조직을 두지 않고 단독자로 살아간다. 덕분에 무한한 자유를 누릴 수도, 무한한 나태함에 빠질 수도 있다. 자아와 글의 수련을 위한 감시의 창이 필요한 이유는 그 때문이다. 기왕이면 심적 부담을 주지 않되 스스로 재미를 붙일 수 있는 감시자면 좋을 것 같다. 경험으로 볼 때, 개인 홈페이지나 블로그 같은 온라인 거처는 꾸준한 포스팅 습관을 몸에 배게 하는 개인 비서다. 때문에 정식 기고는 물론이거니와 틈틈이 정리한 짧은 글쓰기를 통해 문장 전달력과 표현력을 연마하고, 올린 문장에 포함된 오류를 여러 방문자들과 함께 '공개적으로' 확인할 수 있다. 공개적이되 사적인 비서인 셈이다. 분신처럼 느껴져서 자주 찾게 되는 편의성이 있고 성과물을 집적시키는 창고로서의 이용 가치가 있으니 제법 쓸 만한 비서다. 온라인 진지는 소속 없이 사는 필자의 라이프 사이클과도 대략 일치한다. 사소한 기록들과 외부에 기고한 글들을 비축하며 실제 삶을 1차적으로 투영할 뿐만 아니라 침체기와 충전기를 겪는 동안 그 역시 나란히 침묵한다는 점에서 사용자의 삶을 동기화하는 매체인 셈이다. 필자의 생물학적 삶이 마감되면 성실하게 달려온 온라인 진지도 나란히 생동을 멈출 테지만, 생전 쌓아둔 기록들은 비문碑文처럼 남아 기억될 것이다.

 미술평론가와 순수예술 평론가 모두에게, 자기 관리를 위한 또 다른 매뉴얼은 분야 전문지가 아닌 전국에 배포되는 주간지를 기고처로 선택하는 것이다. (물론 주간지는 자처해서 쓸 수 있는 게 아니라 청탁이 와야 쓸 수 있다. 청탁을 위해 주간지에 맞게 문체를 다듬으면 어떨까?) 미술 전문지를 사다 읽는 제한된 수의 독자가 일반 독자에 비해 더 나은 안목이나 교양의 소유자인 것도 아니다. 그럼에도 미술지에 실리는 글은 이론 과잉에 치우친 비문이 많다. 반면 시사지 같은 주간지에선 미술지에 실리는 문체를 수용하지 않는다. 수용해서도 안 된다. 주간지를 사다 읽는 일반적 교양인이 '읽을 수 있는 수준'의 문체를 필자에게 요구한다. 그런 편집 배경 때문에 전문지가 아닌 주간지 기고는 일정 수준의 교양인을 납득시키는 평론 쓰기의 시험대가 될 수 있다. 오랫동안 미술 전문지에만 관행적으로 글을 써온 평론가라면 주간지에 자기 문체를 호환시키기 어려울 것이다. 더 높은 수준이어서가 아니라, 필요 이상으로 난해한 글쓰기를 해온 터라.

시사 주간지가 비평가에게 미덕인 또 다른 이점은 주간지에 평균 이상의 전달력을 지닌 균질한 문장들이 모여 있다는 사실이다. 필자로서 배울 점이 많다. 내 서가에는 90년대 발행된 주간지부터, 현재 구독 중인 시사 주간지 2종이 빼곡히 꽂혀 있다. 이동하는 차 안에서도 시사 주간지를 펴서 읽는 게 습관이 되었다. 고백건대 시사 주간지 기자들의 기사는, 문장을 압축시키는 내 글 스타일의 교본이었다. 또 정치사회면의 균형 잡힌 보도 태도를 반복적으로 보면서, 주관적인 상념에 치우쳐도 용인되는 기성 미술평론을 회의적으로 바라보게 되었다. 내용은 달라도 글의 형식에 관해서는 시사 주간지가 나의 상시적인 귀감의 대상이다.

삶과 유기적인 예술 그리고 비평

미술평론이 되었건 시사칼럼이 되었건, 글의 설득 대상은 누구에게 맞춰야 할까? 유능한 논객조차 반대편의 미적 취향과 정치적 이념을 돌려놓긴 어렵거나 아예 불가능하다. 도발적으로 상대의 빈틈을 가격하는 비평은 후련하지만, 오히려 반대 진영을 결집시키는 역효과도 초래한다. 집필의 목적에 반하는 결과를 낳는 것이다. 때문에 정치적 목적이건 미학적 목적이건 중간에서 길 잃고 헤매는 중도파를 설득하는 데 공력을 쏟아야 할 거다. 그러나 미술 평단에는 폐부를 찌르는 글은 고사하고, 미술잡지가 전시 리뷰를 맡길 때 작가에게 비평가를 추천받아서 청탁을 하는 일조차 있다. 대단치 않은 글 하나 때문에 불화를 일으켜 시끄러워지는 게 성가셔서이다. 전시 리뷰인데도 주례 비평처럼 식상한 글이 많은 배경이다.

'예술 따로, 실재 삶 따로'라는 도그마가 공동체의 정서를 지배한다. 정치랑 삶을 분리시킨 통치자가 역대에 많아서일 거다. 미술(예술)의 상위에 시각 정보 일반(삶)이 있다. 그것 역시 포괄적 논평 대상으로 간주하는 게 정합적이다. 평범한 사물을 짧은 글로 평한 〈반이정의 사물보기〉(《한겨레21》에 2005년부터 2007년까지 연재)나, 보도사진이나 사회현상을 예술현상과 유비한 〈반이정의 예술 판독기〉(《씨네21》에 2010년부터 2013년 현재까지 연재 중)에 시간을 할애한 이유다. 아예 시사 칼럼을 쓰기도 했다. 사회가 미술에 간섭하지 않는다고 미술인도 사회적 몰상식에 대응하지 않는 것이 중립은 아닐 것이다. 현상을 보고 견해를 밝히는 평론의 성질상, 미술관 너머의 부조리를 거론하는 건 당파성의 문제를 떠나 비평가에겐 자연스런 생리 현상이다. 일간지 칼럼 담당 기자도 후일 사석에서 내게 말했다. 미술평론가여서 처음에는 문화 관련 글만 쓸 줄 알았다고. 전문 분야는 존속하되 경계는 느슨하게 무너지면서 호환되리라 본다.

　미술평론은 현재의 삶에 간섭하는 미술관 바깥의 이미지 소동도 다룰 수 있다. 동시대의 시공간과의 접속을 늦추지 않으려면 이런 시도가 도움이 된다. 2011년 일본에 닥친 쓰나미의 보도사진과 일본 목판화 우키요에의 유비성에 관해 글을 쓰거나, G20 행사 때 등장한 쥐 낙서 소동을 칼럼으로 다루거나, 한국 극우 정치의 상시적인 선발대로 출연하는 해병대전우회의 미적 취향에 대해서 다뤘다. 지면 관계상 일간지에 실린 해병대 칼럼만 전문 그대로 인용한다. 칼럼이 온라인에 수록되자마자 해당 일간지 웹사이트와 내 개인 블로그에 해병대전우회 회원들이 몰려와 한동안 시위를 벌이는 소동이 있었다. 이 글은 이념적으로 정반대 진영에 대응하는 내 태도를 보여주는 글이다. 의사소통이 사실상 불가능한 상대와 무익한 대화를 나누느니, 그들의 폐부를 조롱해서 중도층에게 부분적이나마 동의를 얻고자 한 게 내 의도였다. 정공법으로 상대를 비평한 드문 경우였다.

UDT 요원의 활약상이 공중파와 신문을 점령한 일주일여가 지나자, 'UDT 지원자 급증'이라는 파생상품까지 만들어졌다. 연평도 포격으로 여론의 집중 조명을 받은 해병대의 후속타쯤 된다. 부동산 투기와 논문 표절 의혹에도 내정 수순을 밟은 정병국 문화체육관광부 장관에게선 해병대 이미지가 중첩되어 떠오른다. 그의 평소 행실이 별나서가 아니라 해병 출신에게 자의반 타의반 악착같이 따라붙는 통념의 영향이리라. 내겐 해병대가 연상시키는 조건반사적 추억이 있다. 1990년께 혜화동 맨바닥에 둘러앉은 해병 전역자 모임을 구경했는데, 전투복 차림에 만취 상태였다. 급기야 대학로 중앙차선을 따라 해병 군가를 부르며, 열 맞춰 행군을 감행하더라. "해병은 뭐가 달라도 다른가봐."라고 말하던 행인도 기억난다. 대체 뭐가 다르다고 그는 느꼈을까? 군정국가의 탈은 벗었지만 최근 특수부대에 대한 언론의 밀착 보도는 반복적이고 유별나다. 지난해 말 연평도 포격으로 해병이 전사하자 해병 지원율이 오히려 반등했다며 보도한 가슴 벅찬 공중파 뉴스가 그랬고, 맷값으로 야구방망이를 휘두른 전직 물류업체 대표 최철원이 해병 출신이란 정보도 그랬다.

드라마 〈시크릿 가든〉에서 차도남 이미지로 몸값을 부풀린 현빈이 최고령(?) 해병 복무를 지원했다며 공영방송 메인 뉴스에 거는 나라의 정체란 뭘까? 21세기 한국의 국정 과제가 기원전 스파르타를 지향하는 건 아닐 테고. 허물어진 남성 공동체의 체면을 군 무용담이 간신히 세워주는 현상은 낡은 전유물로 웃어넘길 수 있다. 이팔청춘의 심신을 타의로 속박당한 수년에 보상받고 싶은 심정이 왜 없겠나. 그런데 가만 뜯어보면 군을 치켜세우느라 총대 메는 무리 중 주역은 꼭 군 경험이 숫제 전무한 이들이다. 현빈의 해병

지원을 "노블레스 오블리주의 실천"이라 추앙한 이는 전여옥과 김을동이라는 '여성' 국회의원. '보온병 상수'가 '행불 상수'와 동일인인 건 이미 진부한 진실. 해병대의 실전형 강군 주문과 UDT 구출 작전이 자신의 지시였음을 은근 자랑하는 현직 군통수권자도 군 생활에 관한 한 "내가 해봐서 아는데……"라는 고유의 멘트를 날릴 수 없는 처지. 대개의 병사들이 군복을 얼른 벗고 민간인이 되려는 마당에, 국가에서 애써 전역시켜봐야 심정적으로 예편을 거부하는 무리가 있다. 해병도 그렇다. '한번 해병은 영원한 해병'이라는 빛바랜 구호 때문일까, 어린 시절의 영혼에 애국심과 망상의 혼합물이 새겨져서일까?

군부대를 벗어난 시가지 여기저기서 우리는 해병을 본다. 컨테이너 박스로 듬성듬성 들어선 해병 전우회 사무실, 대로변에서 호각을 불며 교통정리를 자청하는 군복 차림의 노전역병. 집착적인 존재감 과시다. 특수부대 출신자만 느끼는 각별한 자부심까지 부정할 이유는 없다. 하지만 휴전 국가에서 특수부대원의 '미친 존재감'은 공동체에 남성다움과 의로움이 뒤섞인 비현실적 지표로 각인되며, 남성성의 총아라는 무형의 특권을 그들은 누린다. 아니고서야, 생업 전선마다 전공이 있을 텐데 왜 연방 "나 해병이야!" 타령을 늘어놓겠나. 남성답지 못하게!《오리엔탈리즘》을 쓴 에드워드 사이드는 위험한 사태를 추동하는 근본적 사유로 순혈주의와 분리주의를 지목한다. 민감한 사안마다 보수 강경 발언의 진원지도 특수부대 출신자의 입이다. 일부 고약한 해병 샘플만 선별해 해병의 몰취향을 일반화하고 싶진 않다. 하여 당부한다. 군 울타리를 벗어나고도 군복으로 각 잡는 제스처는 삼가라. 미관상 일단 추하다.

―〈해병대 공화국〉,《경향신문》 2011년 2월 1일자 (내가 보낸 원제는 '(정병국, 최철원, 현빈의) 해병대'였다.)

미술비평의 남은 과제

미술 전문지나 주간지에 기고하는 미술 평문은 내용이나 분량 모두에서 정형화된 포맷을 따르기 마련이다. 현재 진행 중인 중요 전시회 리뷰가 그것이다. 물론 글을 쓸 때마다 비평 대상은 바뀌지만, 동일한 글쓰기 과정이 반복되면서 이미 숙달된 논법으로 기계처럼 리뷰를 찍어내게 된다. 자의식이 강하다면 대동소이한 포맷에 갇히는 게 짜증나고, 비평의 회의감도 느낄 것이다.

글 쓰는 일을 못 하거나 안 하게 되면, 그땐 무슨 일을 할 거냐는 질문을 얼마 전 받았다. 소속 없는 필자에겐 정년도 없지만, 청탁 수가 현저히 줄어드는 날이 오고야 말 테지. 조금 벌어 조금 쓰면서 살아온 형편이라 집필 이외의 생활을 고민한 적이 드문데, 현재 미술비평이 직무유기로 방치한 과제들을 골라서 그걸 풀어 교육 자료처럼 만드는 일을 하고 싶다.

미술책이 소비되는 도서 시장은 양극화로 고정되어 있다. 학회지와 전문지에 수록되는 전문가의 글은 전문가 그룹에서마저 거의 읽히지 않고 영향력도 미미한 수준. 물론 낮은 수요가 그 글의 품질을 증언하는 건 아닐 테지만, 전문 필자가 읽히지 않는 글과 말을 관행적으로 출간하는 게 무슨 의미가 있을까. 미술교양서 시장을 가보자. 대개 미술 비전문 독자들이 사다 읽을 미술교양서 시장에는 미술 전문 필진의 종적을 찾기 어렵다. 자신과 급수가 다르다고 판단하는 것 같기도 하다. 덕분에 미술교양서 출간은 책의 품질보다 필자의 대외 인지도에 의존하는 때가 많고, 얼굴과 이름만 빌려준 대필 사건이 터지거나 기초적인 사실관계조차 확인하지 않고 필자의 자의식 과잉으로 채워진 '나쁜 미술책'이 버젓이 베스트셀러로 오르곤 한다. 대중미술서로 유명세를 탔다가 대필 논란에 휘말려 잠적한 한젬마의 모든 책들과, 방송인 조영남이 제멋대로 써낸 미술서 《현대인도 못 알아먹는 현대미술》은 교양보다 위험 부담만 떠안길 미술책이다. 상투적인 비문과 저자의 허영심이 묻어난 전문미술서에서 괴리감을 느낀 독자들이 품질을 보장할 수 없는 미술교양서에 눈을 돌리게 되고, 동시대 미술과 동시대 독자 사이의 멀어진 거리감은 악순환처럼 되풀이된다. 내가 생각하는 비평의 급선무 과제는 제대로 된 미술교육 자료다.

비평가로 10년 이상 활동했지만, 기고에 집중하고 책 펴내는 데에는 무심하게 보냈다. 그러던 중 일간지에 연재한 잡문을 모아 2006년 미술교양서 한 권을 낸 적이 있는데, 현재까지 내가 출간한 유일한 저서다. 그 책은 출간 당해와 이듬해에 그리고 이후로도 몇 번 더 서평 전문지와 책을 소개하는 공중파 방송을 타면서 호강을 누렸다. 책 자랑 하려는 거 아니다. 내 책을 호평한 이도 독자가 아니라 출판전문가와 서평전문가였는데, 미술평론가에 저자인 내가 고백건대, 내 책은 그 정도 우대를 받을 만한 품질을 갖추고 있지 못했다. 주변의 호평이 쏟아진 일순간은 자의식이 부풀어 저자로서 기뻤지만, 당시의 호평은 후일 내게 진짜 교훈과 단서가 되었다. 문제를 진솔하게 보면 답까지 볼 수 있는 것 같다. 이제까지 한국의 서점가에 깔린 미술교양서의 일반적 수준은 무지한 독자의 눈높이에 맞춰 판매 부수를 채우느라, 동시대 미술을 이해하는 진도는 나가질 않았다. 내 책이 받은 과도한 칭찬은 상대적으로 함량 미달인 미술교양서가 지배하는 서가에 미술 전문 필자가 얼마나 수수방관했는지를 방증하는 것이다. 그래서 내가 정한 향후 과제 1호는 이렇다. 정보 밀도와 읽는 재미를 겸비하고, 인지도가 있는 철 지난 거물 예술가에 예속되지 않고, 생존하는 당대 예술을 소재로 삼아 동시대 미술과 독자 사이의 불균형을 바로잡는 미술교양서를 출간하는 것이다.

과제 2호는 미술대학 강사 생활 10년의 깨달음에서 얻었다. 미술평론과 미술책은 교양인의 독서 취미 충족을 위해서만 존재하진 않는다. 무수한 익명의 미술 전공자야말로 그 수혜를 받아야 할 대상일 것이다. 그러나 내가 수업에서 접한 미대생의 절대 다수는 졸업 후 진로에 전적으로 무대책이거나, '작가가 되거나 혹은 작가가 안 되거나'라는 막무가내 이분법을 스스럼없이 수용하고 있었다. 오래된 집단 최면이다. 경악할 만한 건 더 있다. 수업에서 만난 미대생들은 출신교를 불문하고 태반이 당대 한국 미술의 흐름에 거의 무지한 채로 학교를 다니고 있었고, 그 같은 자기 형편에 문제의식을 느끼지 못하고 있었다. 전공에 대한 애정이 식었기 때문이고, 미대 교육이 정상 가동하지 않고 있기 때문이다. 내 과제 2호는 미대생 이상의 전업 미술인을 위해, 동시대 한국미술의 흐름과 주목해야 할 주제를 연대기로 정리한 교육 자료를 만들어 보급하는 일이다.

비평이 품질을 판단하고 평가하는 작업이라면 문제점이 발견된 지점에서 분노와 좌절을 느끼되, 개선책을 떠올려서 자기 존재와 과제를 연장할 수 있다. 그것이 비평이다.

나는 번역글을 어떻게 쓰는가

번역의 천국과 지옥
번역가 성귀수

직업인으로서의 번역가

새벽 한시. 또 그 지긋지긋한 새벽 한시다. 뻑뻑해진 안구와 '뜨거워진 엉덩이'를 쉬게 하려면 아직 두 시간을 기다려야 한다. 책상 세 개를 디귿 자字로 짜 맞춘 것은 그 안에 나를 효율적으로 가두려는 계산과 심해잠수정의 조종석 같은 분위기를 조성하겠다는 치기가 반영된 결과다. 시계의 열두 개 눈금들이 결코 등분等分되어 있지 않다는 사실을 알 만한 사람은 다 안다. 사람마다 다르겠지만, 내 경우 새벽 한시에서 세시까지의 간격은 다른 대여섯 개의 눈금이 차지하고 있는 공간보다 훨씬 넓고, 깊다.

4년 전, 모 대학 번역문화원에서 주최한 세미나에 발제자로 참석했을 때의 일이다. 영문학 교수 한 분이 '번역가'와 '번역자'의 차이를 언급하면서, '번역자'라는 용어로 충분히 포괄할 수 있는 개념을 굳이 '번역가'라 칭하는 것은 결국 용어의 과잉이 아니냐는 의견을 피력했다. 무엇보다 번역이란 '창작'이 아닌 작업이기에 '가家'자를 붙이는 것은 어울리지 않는다는 취지였다. 글을 쓰는 일에서 '작가'와 '글쓴이'의 구분은 분명 엄존해야겠지만, 번역의 글쓰기에 과연 그런 구분이 필요하겠느냐는 뜻이다. 아울러 그것은, 번역의 대상물에 대한 번역자의 전문성은 인정하되 번역이라는 작업 자체의 전문성을 인정하긴 어렵다는 취지로도 해석되었다. 일견 예리한 지적이긴 하나, '가家'라는 접미사에서 일체의 권위주의적 포즈를 걷어내고 전문성의 표지만을 읽는다면, '번역가'라는 용어의 당위성은 아무리 강조해도 지나치지 않다는 것이 나의 생각이다. 적어도 10년 남짓 번역을 생업 삼아 먹고 살아온 경험이 그렇게 이야기하고 있다.

밤을 꼬박 새는 짓을 그만둔 지는 이제 4년째다. 가장 자신 있는 장기臟器 중 하나라고 자부하던 심장에 이상 신호가 감지되면서부터 바로잡은 악습이다. 소싯적 파이프 담배 물고 어지간히 술 퍼마시며 '무절제주의'를 탐닉한 이력도 이력이지만, 조깅과 수영으로 단련된 심장이 덜컹거리기 시작한 건 순전히 이놈의 번역 일, 아니 책상 앞에 앉아 아홉 시간 열 시간 엉덩이를 혹사한 탓이라고 나는 확신한다. 나중에서야 안 일인데, 사람의 몸에는 심장이 하나만 있는 게 아니었다. 거미줄처럼 분포된 모세혈관 끝에 심장의 축소판이라 할 꼬마 펌프들이 장착되어 있어 혈액순환기능을 열심히 보조해주는데, 몸뚱어리를 장시간 정체시키다보면 녀석들이 다 죽어버려 심장 혼자서 그 모든 일을 해내야 한다는 것이다. 결국 심장 근육에 무리가 오는 건 뻔한 이치. 그래서 최근 새로 시작한 것이 '자전거 타기'다. 나는 단언한다. 훌륭한 번역을 하려거든 먼저 그대의 염통을 통통 튀게 하라! 책상 앞의 그 멍청한 '부동자세'를 상쇄시킬 만큼, 하루 두세 시간은 가급적 격렬하게 움직여라!

외국어 실력이 곧장 번역 능력으로 여겨지던 시절도 물론 있었다. 출판 시장의 과반 이상을 번역물로 채우면서도 미처 청산되지 못하고 있는 그 폐해를 여기서 낱낱이 재론할 필요는 없을 것이다. 이제는 번역 작업 자체를 명실상부한 전문 분야로 인식할 시기가 한참 지났으며, 그와 더불어 번역에 관한 담론 역시 보다 세분화하고 구체화해야 한다는 생각뿐이다. 가령 '번역이란 무엇인가?'랄지 '어떤 번역이 좋은 번역인가?'와 같은 두루뭉술한 얘기들만 자꾸 확대재생산할 시간에, 차라리 합리적 수준의 번역료 현실화 방안이라든지 번역 원고의 체계적인 2차 저작권 보호 같은 참신한(?) 문제들을 놓고 고민해보는 건 어떤가. 환경이 좋아지면 절로 공기가 맑아지듯, 작업 조건이 나아지면 번역의 질 또한 자동적으로 상승하지 않겠는가.

아직도 25페이지…… 오늘 하루 종일 한 페이지도 넘어가지 못하고 있다. 며칠 전 극복했다고 생각했는데, 또 그 흉측한 슬럼프인가. 문장이, 구절이, 단어가, 아니 철자들이 죄다 적의를 품고 일어나 난공불락의 방진方陣을 형성하고 있다. 그 안을 파고들 문맥이 보이지 않는다. 또다시 끔찍한 현상이 재발하려는 모양이다. 펼쳐진 텍스트를 노려보며 앉아만 있을 뿐, 모니터 속 커서는 계속 같은 지점에서 깜빡거린다. 어떤 의미도 드러내지 않는 소문자들 사이사이에 파묻혀 있던 대문자들이 문득 사선斜線으로 도열하면서 복잡한 암호로 읽힌다. 이럴 때 번역이란 정말 불가능한 엉터리 짓거리라는 생각밖에 안 든다. 그리고 어차피 터무니없는 만행蠻行이 번역일진대 번역하지 못할 텍스트 또한 있을 리 없다는 오기까지 함께 발동한다.

소득의 많고 적음을 떠나, 직업으로서의 번역이 그다지 '효율적'인 경제활동이라고는 생각하지 않는다. 다만 나처럼 '혼자 놀기'가 달인의 경지에 이른 경우, 이건 거의 천직이나 다름없다. 책을 읽는 것 자체가 즐겁거니와, 그를 토대로 레고 블록 조립하듯 언어를 가지고 노는 것도 재미가 쏠쏠한데, 그 모든 것이 누군가의 참견 없이 나 혼자 내 욕심껏 해내면 되는 일이라니…… 게다가 잘했다며 돈까지! 학창 시절 공부 반 재미 반 삼아 책을 번역해본 적이 있지만, 처음 내 이름으로 보수를 받아가며 번역한 책 《일만 일천 번의 채찍질》도 실은 금전적 대가보다 그냥 재미가 우선이었다. 계약서도 안 쓴 채, 작품에 대한 관심과 그 악명惡名이 내 손에서 어떻게 되살아날지에 대한 호기심만으로 책 한 권을 번역해낸 거다. 돈을 받았어도 '생활비=술값'이던 시절이라, 거기에 절실한 의미 같은 게 담길 리 만무했다. 그렇게 한동안은 딜레탕트적인 달콤함에 취해, 마치 책과 연애하듯 번역을 했던 것 같다. 고백하건대, 그건 '번역의 천국'이었고, 아직까지도 그 천국의 추억을 자양분 삼아 지난한 이 작업을 이어가고 있다.

번역은 곧 반역?

번역이 어려운 것은, 그것이 체계적인 방식으로 '학습'되기 어렵다는 사실과 통한다. 온갖 번역 원리들을 배우고 터득한다 해도, 정작 번역이 이루어지는 것은 그런 원리들의 틈새를 통해서다.

세상에 널려 있는 무수한 텍스트들만큼이나 번역의 노하우도 다양할뿐더러, 그 대부분은 이론적으로 명시할 수 없는 직관의 영역에 속한다. 이를테면 무수한 텍스트들 각각에 또 그만큼 무수한 번역 텍스트들이 존재할 수 있다는 점을 떠올려보자. 완벽한 번역이란 존재하지 않으며, 끝없이 갱신될 수 있을 뿐이라는 사실은 과연 무얼 말하는가. 한마디로 왕도王道가 없다는 얘기다.

번역을 일종의 불가피한 '훼손 행위'라고 볼 때, 번역가는 자신의 모든 경험과 직관에 입각한 언어능력을 최대한 동원하여 그 엔트로피에 해당하는 부분을 열심히 보상해야 한다. 이때 중요한 것은, 번역가의 언어능력이 아무리 뛰어나도 어디까지나 텍스트 자체에 대한 '해석적 깊이'로 충만하되 임의성은 최소화해야 한다는 점이다. 번역가가 어쩔 수 없는 '반역자'이면서, 누구보다 겸허한 사람일 수밖에 없는 이유가 바로 거기에 있다.

천국이 있으면 반드시 따라오는 것이 지옥이라는 데 동의한다. 정신을 차려보니 어느새 나는 직업번역가가 되어 있었고, 환각의 유희를 즐기던 '애인'은 서로의 생계가 얽힌 존재로 바짝 다가앉아 있다. 본격적인 직업번역의 길로 들어서면, 이전까지 고려하지 않았던, 고려할 필요가 없었던 빡빡한 조건들이 대두하기 시작하는데 그 제약 속에서 얼마나 수준 높은 원고를 빚어낼 수 있느냐의 여부가 전문가로서의 성패를 좌우한다. 때론 가시넝쿨처럼 아프게 느껴지기도 하는 제약의 조건들은 '시간'과 '텍스트'의 층위에서 번역의 발목을 잡는다.

번역가의 작업은 출판사와의 계약서에 사인을 하는 순간부터 시작된다. 번역계약서는 번역가의 생명을 연장해주는 생존허가증이자 그 삶을 일정 기간 속박하는 구속영장이다. 온갖 무시무시한 조항들로 가득한 그 속에서, 가장 섬뜩하게 다가오는 것이 바로 마감 기한을 못 박는 조항이다. 번역을 하되 시간 제약이 있다는 거다. 물론 책의 분량과 난이도를 감안해 적절하다 싶은 기한을 설정하는 것이 보통이지만, 막상 작업에 들어가면 예상과 계획은 여지없이 틀어지기 일쑤다. 모르거나 애매한 내용에서 막히는 건 그렇다 치고, 조금이라도 더 다듬어내고 싶은 욕심은 같은 문장을 수도 없이 집적거리게 만든다. 그러다 보면 표현 한 줄, 문장 하나를 두고 한나절을 끙끙거린다는 신화적 '작가정신'이 신화 속에서만 가능한 게 아님을 깨닫는 일도 허다하다. 그러는 사이 시간은 잔인하게 흐르고, 결국 번역가는 약속을 어긴 계약 위반자로 전락할뿐더러, 그 여파는 차기로 예정된 번역 작업으로까지 고스란히 전이된다. 그만큼 곤욕을 치렀으면 오기 따윈 버릴 만도 한데, 글쟁이의 근성인지 미련인지 끝이 없다.

단념의 글쓰기

시간 제약 말고 번역 의욕에 '딴지'를 거는 또 다른 요소는 텍스트 자체에서 오는 스트레스다. 단순히 텍스트의 난이도 같은 걸 말하는 게 아니다. 내용이 생소하거나 어려우면 공부를 해가며 타개할 일이다. 문제는 저자가 글을 '잘 못 쓴' 졸작이거나, 전혀 취향이 아닌 작품을 만난 경우로, 특히 문학작품 번역에서 이런 일을 적잖이 당한다. 이러면 번역하는 동안 텍스트와 번역가 사이에 일종의 불협화음이 지속적으로 일어나고, 번역가는 의욕은커녕 자기가 엉뚱한 저자 뒤치다꺼리나 하고 있다는 자괴감에 내내 시달린다. 그런 작품은 맡지 않으면 될 일 아니냐고 할지 모르나, 애당초 자기 주도로 작품을 선정해 작업하지 않는 이상 이런 경우에 부닥칠 가능성은 늘 존재한다.

　사실 모든 글쓰기는 '단념의 글쓰기'라 해도 과언이 아니다. 단념은 곧 '내면內面의 텍스트'에 대한 단념이다. 그 단념을 언제 하느냐에 따라 글의 질적 수준이 달라지는데, 너무 일찍 단념하면 부주의로 인한 '결함negligence'투성이의 엉터리 잡문이 되고, 너무 늦게 단념하면 자칫 말라르메의 백지白紙에 버금갈 '침묵silence'에 봉착할 수 있다. 내면의 텍스트를 제때 포기하지 못해 결국 (플로베르의 고백처럼) '글쓰기 자체가 불가능하다'는 인식에 부닥치고 마는 것이다.

　요컨대 글이라는 건 매순간 단념의 시기를 저울질하는 가운데 쓰이는 법. 시간의 제약에서 자유롭지 못한 전문번역가에게 특히 이 같은 단념의 능란한 기술이 필요하다. 너무 빠르지도, 또 너무 늦지도 않게 '내면의 텍스트'를 단념해야 정해진 기한 내에 최상의 퀄리티를 갖춘 번역문을 손에 쥘 수 있는 것이다. '적당히 얼버무리는 글쓰기'가 아니라 '최적화된 글쓰기', 이를테면 어느 순간 마음속 이상형을 현실 속 여인으로 대체해 천생연분의 배필을 만나게 되는, 그런 능동적인 단념의 메커니즘. 걸작을 생산해 냈다고 자부할 때, 첫눈에 반한 연인을 만났다고 자신하는 순간, 실제로 벌어지고 있는 것은 바로 '단념의 무의식적인 공정工程' 이다. 수준 높은 전문번역가일수록 단념의 섬세한 기술을 구사할 줄 알고 또 그만큼 시간과의 싸움에서 높은 승률을 기록할 가능성이 커진다.

번역가의 입장에서 텍스트의 제약을 일거에 극복하는 현실적인 방안은 단연 기획번역이다. 자기가 번역할 책을 자기 스스로 선정, 기획하여 작업하는 것이다. 이를 통해 번역가와 텍스트의 관계는 보다 밀접해지고, 그 결속력이 지속적으로 유지될 수 있다. 요컨대 텍스트에 대한 번역가의 책임과 권리가 보다 현실적으로 정착되는 셈이다. 그렇기 때문에 번역가 주도의 기획번역은 번역가의 사회적 입지를 강화할 수 있는 가장 현실적이고 효과적인 전략이 되기도 한다. 번역가의 독자적인 기획을 출판사가 적극 수용하든, 출판사의 기획단계부터 번역가의 적극적인 참여가 이루어지든, 전문번역가의 역할이 기획과 번역 모두를 아우르는 풍토가 주류로 정착되는 것이야말로 향후 번역출판 시스템의 나아갈 길임은 분명하다.

메소드 번역, 창조적 해석을 위해

하긴, 종종 이랬다. 책을 펴놓고 돌부처처럼 앉아만 있는 버릇. 번역할 텍스트의 초반일수록 이런 불상사가 자주 일어난다. 쉽게 얘기하면 문체에 익숙해지는 데 시간이 걸리는 것이고, 조금 어렵게 얘기해서 텍스트에 최대한 동화同化되기 위해 치러야 할 과정쯤이라 할 수 있다. 당연한 얘기지만, 번역할 텍스트에 완전히 동화된 상태야말로 번역가에게 기대할 최상의 컨디션일 터. 그걸 위해 번역가는 작업에 들어가기 전부터 여러 가지 준비를 한다. 여건이 허락될 경우, 저자와 직접 소통한다거나 텍스트의 배경이 되는 공간을 손수 확인해보는 것도 좋겠지만, 그것이 꼭 최선도 아니요, 불가결한 것은 더욱 아니다. 텍스트의 독자성을 놓고 볼 때, 저자와의 직접적인 접촉이 오히려 방해가 되는 경우도 얼마든지 있으니까. 중요한 건 번역가의 교감 능력이며, 그 수준에 따라 방법은 무궁무진하다. 주로 텍스트와 관련된 자료를 뒤져보는 것에서 시작되겠으나, 경우에 따라 텍스트 속의 인물 혹은 저자의 심리 상태를 스스로에게 똑같이 조장해보는 것도 효과적일 수 있다. 예컨대 모차르트에 관한 책을 번역하는 동안은 하루 종일 모차르트만 듣는다든지, 이집트 관련 서적을 번역하는 내내 이집트 상형문자를 외우는 것, 반 고흐의 그림으로 도배가 된 작업실에 틀어박혀 고흐의 편지글을 옮긴다든지, 연애를 시도해가며 연애소설을 번역하는 것 모두가 기본적인 도움이 된다. 실제로 개성이 아주 강한 몇몇 책을 번역하는 번역가가 조울증, 소화불량, 원인 모를 과격한 행태, 알 수 없는 희열 등 텍스트의 성향과 무관하지 않은 양상에 시달리는 경우가 있는데, 그 모든 것이 번역 작업의 치열함을 배가시키는 교감의 결과일 수 있다.

'메소드 연기'라는 것이 있다. 20세기 초 러시아의 배우이자 연출가인 콘스탄틴 스타니슬라프스키에 의해 체계화된 연기 이론이다. '배우란 연기하는 매 순간마다 극중 인물로서의 삶을 살아야 한다'는 것이 이 이론의 핵심. 바꿔 말해, '극중 인물에 최대한 동화된 상태에서 자연스레 나오는 연기'를 위한 지침이다. 텍스트와의 교감 혹은 공감에 기초한 번역 작업은 분명 이 연기 이론이 주창하는 내용과 일맥상통하는 부분이 있다. 극본상 '등장인물'이 '텍스트'로, '배우'가 '번역가'로 치환될 수 있다면 가장 중요한 '연기'를 '번역 원고'로 치환 못 하라는 법이 없지 않은가. 실제로 메소드 배우들이 직관에 바탕을 둔 공감 연기를 위해 애쓰는 준비 과정들을 보면, 텍스트와 교감하기 위해 번역가가 자료를 섭렵하고 심신을 조율하는 모습과 어딘지 닮아 있다. 무엇보다 그 두 경우 다 순수한 '창작'이기보다는 창조적 '해석'의 예술을 지향한다는 점이 공통이다.

공감의 효력을 우선시하는 '메소드 번역'의 장점은, 텍스트의 자구字句 하나하나를 옮기는 데 그치지 않고, 단어면 단어, 문장이면 문장이 텍스트의 전체적 조화 속에서 표방하는 이미지, 그 생명력을 재창조하는 것에 번역의 주안점이 자리한다는 사실이다. 메소드 배우가 극중 인물의 삶에 최대한 동화됨으로써 모사가 아닌 창조의 연기를 선보일 수 있듯, 메소드 번역가 역시 텍스트에 최대한 동화된 상태를 유지하는 가운데 번역을 한다면, 그 번역 작업은 진정한 '다시 쓰기'가 될 수 있지 않을까?

나는 시나리오를 어떻게 쓰는가

시나리오, 결국엔 나를 쓰는 일
시나리오작가 김선정

나는 상업 작가다

이번 글을 의뢰 받고는, 생각했다. '아, 어떻게 써야 하지?' 그러다 칼럼의 주제가 '나는 어떻게 쓰는가'인 것을 떠올리고는, 머쓱한 웃음이 났다. 이로써 분명해지고 말았다. 글 쓰는 일을 직업으로 삼고 있는 나지만, 여전히 글쓰기의 특별한 노하우는 알지 못한다는 것을.

이렇게 실망스러운 말로 글의 대문을 열다니, 무책임한 짓일지도 모른다. 하지만 거짓으로 근사함을 전할 수는 없는 노릇이다. 이미 말한 것처럼, 나는 여전히 서투르다. 그래서 어떠한 작품 어떠한 글을 쓸 때건 쓰기에 앞서 매번 고민한다. 어떻게 써야 할까. 어떻게 써야 재미난 글이 될까. 어떻게 써야 사람들이 내 글, 내 영화를 보기 위해 투자한 것들을 아까워하지 않을까. 어떻게 하면 그들을 행복하고 즐겁게 만들 수 있을까. 반복되는 내 고민의 꼬리를 좇다보니, 새삼 깨달은 것이 있다. 바로 내가 상업 작가라는 것이다.

팔리는 글, 돈이 되는 글을 쓴다는 원색적 의미에 국한된 이야기가 아니다. 문학을 이야기함에 있어 돈 되는 글이나 쓰고 있다는 자조적 한숨은 더더욱 아니다. 나는 내 일을 사랑한다. 내 글과 내 영화를 누군가가 시간과 돈을 내고 기꺼이 선택해준다는 것에 감사함과 자부심을 느낀다.

내가 생각하는 팔리는 글, 그것은 곧 누군가가 간절히 원하는 글이다. 나아가 나는 누군가가 원하는 글의 초점을 위로가 되는 글이라고 여긴다. 그리고 내 직업적 의미를 그곳에서 찾는다. 일상에 지친 사람들에게 잠시 위로의 판타지를 제공하는 것. 그게 바로 내가 만드는 영화를 통해 하고 싶은 것이고, 내 글을 통해 전하고자 하는 바이다.

물론 세상엔 다양한 작품들이 존재한다. 고매한 사상을 드러내는 작품도, 현실을 가감 없이 드러내 숨겨진 의식을 깨우는 작품도 있다. 하지만 내가 만드는 작품들의 의미는 사람들을 위한 오락, 즉 즐거움에 기인한다. 누군가 오로지 즐겨주기를 바라면서 쓰는 글, 그런 작품을 쓰는 사람, 그게 바로 나다. 그게 상업 작가의 몫이라 생각한다.

2004년. 당시 나는 막 대학을 졸업하고 어느 영화사에서 기획 작가로 일하고 있었다. 모든 사회 초년생이 그러하듯, 나 역시 그때는 모든 것이 힘들었다. 겨우 용돈 벌이 수준의 월급이 서러웠고, 뭘 해도 실수투성이라 자존감을 찾을 수 없는 현실에 괴로웠다. 살다보면 그럴 때가 있다. 제 모습이 멀리 위에서 내려다보는 부감 샷으로 보이는 그런 때. 커다란 사회 속에서 작고 초라할 뿐인 나. 그렇게 난생 처음 겪어보는 사회생활의 고단함을 무엇으로 위로해야 좋을지 모를 그때, 내게 유일한 즐거움이 되어준 것이 있었다. 그건 바로, 당시 대중들에게 큰 사랑을 받은 어느 공영방송의 주말 드라마였다. 주 내내 힘든 나날을 보냈지만 괜찮았다. 주말이면 드라마를 볼 수 있다는 기대 때문이었다. 그렇게 주말 밤이 되면 어떤 약속도 마다한 채 TV 앞에 앉았다. 그리고 그 드라마 속 주인공들이 그려가는 세상을 보는 재미에 즐거웠다. 드라마를 보는 동안 시간이 흐르는 것이 아까웠으며, 그들이 울면 나도 아팠고, 그들이 좋아하면 나도 웃고, 그들이 행복하면 나도 위로받았다.

그러면서 자연스레 꿈꾸게 됐다. '아, 나도 저런 작품을 쓸 수 있다면 좋겠다. 저 작품처럼 보는 이를 위로하고 행복하게 하는 작품을 쓰는 사람이 되면 좋겠다.' 그렇게 누군가는 유치하다고 폄하하기 쉬운 지극히 통속적인 대중 드라마에 푹 빠져 지냈다. 너무 달콤하고 행복했다. 마치 주인공 그녀가 나인 것처럼.

그러다 드라마의 종영을 앞두고 파란이 일었다. 드라마 결말에 반전이 있다는 스포일러 기사가 터졌고, 내용은 충격적이었다. 물론 나도 쓰는 이의 입장이고 보니, 그 작품의 작가를 이해할 수 있었다. 어느 누가 자신의 작품을 뻔히 예상되는 전형적 결말로 끝을 내고 싶을까. 많은 이의 사랑을 받은 만큼 재치 있는 결말을 내고 싶은 그 욕심, 전적으로 이해가 됐다. 그러나 이것은 쓰는 이의 입장일 때 생각이었다. 나는 평범한 시청자, 애청자로서 몹시 실망했다. 작가가 장치한 반전에 배반감을 느꼈다. 그간 드라마를 시청해오면서, 드라마 속 주인공들이 이 세상 어디쯤에 살고 있다고 나도 모르게 상상했고, 어딘가에는 저렇게 동화 같은 사랑을 하며 사는 사람이 있을 거란 믿음에 큰 위로를 얻었기 때문이다. 오늘의 나는 그렇지 않더라도 내일의 나는 그와 같은 드라마의 주인공이 될지도 모른다고 희망했었다.

그런데 그게 다 거짓이라니. 그간 내가 보고 행복해 했던 내용이 모두 주인공의 상상이고, 주인공이 쓴 시나리오 내용에 불과하다고? 너무했다. 내가 마음 주고 함께 응원하던 주인공들의 삶이 다 거짓이라는 건, 받아들이기 힘들었다. 물론 드라마 자체가 이미 허구라는 것을 잘 아는 나였지만, 설명할 수 없는 배반감과 상실감이 컸다. 현실이 지치고 힘들어 드라마 속 허구의 삶으로 대리만족 하는 내게, '그 드라마 속의 주인공마저도 자신의 현실이 힘들어 허구를 상상하며 살고 있다'니, 너무 절망적이지 않은가! 그런 이야기는 너무 아팠다. 인정하고 싶지 않았다. 그래서 그 드라마의 마지막 회는 결국 보지 않았다. 볼 수 없었다. 그런 결말을 보느니, 차라리 내가 원하는 상상으로 결말을 맺는 일이 훨씬 행복한 일이기에. 그러면서 무언가를 깨달았고, 결심했다.

드라마, 쓰는 내가 아닌 보는 너의 이야기

글을 쓰다보면 언제나 같은 욕심의 순간과 마주하게 된다. 내가 써낸 글이 세상 어떤 글과 견주어도 새롭고 특별하길 바라게 되는 것이다. 이 욕심은 집필의 원동력이 되기도 하지만, 반대로 독자에 대한 배려를 잊게 할 때도 있다.

그래서 다짐했다. 앞으로 이 욕심과 마주할 때면, 딱 하나만 생각하자고. 상업 작가인 내가 가장 소중히 여겨야 할 것은 작가로서의 자존감보다 대중의 마음을 위하는 것이라고. 어떠한 순간에도 알량한 내 자존심을 지키기 위해 내 작품을 선택하고 보는 사람들에게 배반감을 안기지 않겠다고 결심했다. 대중은 결국 나의 주변 사람들이다. 내 가족이 보고 웃고, 내 친구가 공감하고, 내 연인이 기뻐하는 작품을 만들어가자, 그렇게 다짐했다.

그런데 어떻게 하면 보다 많은 사람들의 사랑을 받는 글을 쓸 수 있을까. 어떻게 하면 그들이 내 작품으로 따뜻한 행복을 느끼게 만들 수 있을까.

대학에 가서야 처음으로 희곡이라는 장르를 접했다. 그리고 단숨에 극문학과의 달뜬 연애로 빠져 들었다. 그때, 내게 처음으로 희곡을 가르쳐주시고 그 기초를 닦아주신 선생님께서 해주신 말씀이 바로, '드라마는 너의 이야기다'였다. 여기서 드라마란 TV드라마만을 한정해 일컫는 말은 아니다. 시, 소설 희곡 등의 문학 장르를 구분할 때, 극 구조를 가진 장르를 일컫는다.

시는 나의 이야기, 즉 시인 자신의 내적 탐구가 빚어내는 결정체다. 지극히 주관적인 시선이 극에 달했을 때 말할 수 없는 아름다움으로 완성되는 것. 세상과 타협하지 않고, 타인으로부터 때 묻지 않았을 때만 완성될 수 있는 순수함, 그 자체가 시다. 시인 스스로가 작품의 주인공이요, 작가인 셈이다. 그와 반대로 소설은 그의 이야기이다. 외부에 선 작가의 시선을 통해서 그라는 인물의 이야기와 인생이 낱낱이 전개된다. 그래서 작품 속 주인공보다 소설가의 객관화된 시점과 날 선 세계관이 중요하다. 그리고 마지막, 앞선 두 장르의 교묘한 교집합 장르가 드라마다. 그래서 드라마는 바로, 너의 이야기가 된다.

'너의 이야기'라는 건 어떤가? 내가 내 친구의 이야기를 또 다른 친구에게 전할 때를 떠올려보면 간단하다. 재미있는 '너의 이야기'에는 객관과 주관이 사이좋게 시소 타기를 하고 있다. 어느 한쪽으로 지나치게 기울어져서는 곤란하다. 생각해보라. 내가 친구의 이야기를 전하면서, 내 관점에서만 말하게 된다면 그 얼마나 독선적인 결과를 초래하게 될지. 누군가의 이야기를 흥미롭게 전하려면, 내가 전하고자 하는 '너'라는 인물의 개성을 살려서 객관적으로 전하되, 그 이야기를 들으며 나와 듣는 이가 느낄 각각의 주관적인 공감을 함께 이끌어내야 하는 것이다. 그래서 까다롭다. '너'를 객관적으로 전하면서도 보는 이의 주관적 감성을 건드려야 하기에. 너무 어려운 이론이다. 사실 근사한 척 한껏 어깨에 힘주고 하는 이야기, 드라마 이론서에 나오는 이야기다.

하지만 이 이론을 다시 일상에서 찾아보면, 몹시 익숙해진다. 그건 바로 할머니가 해주시던 옛날이야기를 떠올리면 된다. "옛날 옛날에……" 하고 시작되며 전해온 수많은 이야기들. 그것이야말로 이 이론의 표본이라고 생각한다. 수많은 옛날이야기들에는 다양한 성격의 사람들이 등장하고, 그 사람들이 각각의 삶을 살아간다. 그러나 그 이야기도 어떤 이가 하면 재미있고, 어떤 이가 하면 재미가 덜 하다. 여기에서 바로 상대의 주관적 감성과 내 주관적 감성을 어떻게 연결시켜 공감을 일으키는가 하는 핵심이 드러난다.

옛날이야기처럼 능동적인 소통을 담은 호소력으로

영화 〈미녀는 괴로워〉와 〈국가대표〉를 함께 작업한 김용화 감독님께 배운 방법이다. 감독님은 항상 지인들에게 당신이 구상한 영화를 먼저 말로 전한다. 듣는 이들의 반응을 통해 구성한 이야기의 재미있는 지점과 그렇지 못한 지점을 찾아낸다. 뿐만 아니라 그들에게서 다양한 아이디어를 얻기도 한다. 사실 나는 영화 〈국가대표〉를 작업할 당시 다른 두 작가들보다 좀 뒤늦게 합류했다. 하지만 그 이야기가 어떻게 출발해서 발전했는지 속속들이 알고 있었다. 감독님의 이야기 모니터 요원 중 하나가 바로 나였기 때문이다. 나는 그렇게 감독님이 구상한 이야기와 인물들을 전해 들으며 때로는 재미있어하고 때로는 의견을 내기도 하면서 이야기의 완성을 함께했다.

이렇듯 생각한 이야기를 주변 이들에게 반복해서 설명해나가다 보면 그 이야기가 자연스럽게 발전하게 된다. 보다 대중적인 기호와 완성도를 갖게 되는 것이다. 처음엔 어떤 인물이 등장했고, 그 다음엔 그 각각의 인물들이 어떤 하모니를 이루는지, 어떤 인물들이 어떤 태도로 어떻게 이야기를 전개시켜 가는지 거듭 이야기해보는 것이다. 그렇게 여러 사람들의 반응과 머리가 더해져 보다 더 대중적으로 사랑받을 수 있는 이야기가 탄생한다. 끊임없이 수많은 사람들에게 구전되어오며 더 많은 사랑을 받게 된 옛날이야기처럼 말이다.

그래서 나 역시 이 방법을 애용해, 항상 주변 사람들을 괴롭히고 있다. 함께 일하는 동료 혹은 같은 업계에 있는 이들을 괴롭히면 좋을 것을, 나는 굳이 이쪽 분야와 전혀 상관없는 친구들과 가족들을 괴롭힌다. 그들은 당최 무슨 일을 하는지도 모른 채 내게 착취(?)당하고 있다. 그들은 서로 다른 나이와 다양한 기호를 가지고 있고 각자 여러 위치에 놓여 있다. 내가 가진 대중의 모의 집단인 셈이다. 그들 모두를 즐겁게 만들 수 있는 이야기라면 더 많은 대중을 웃기고 울릴 수 있다는 확신이 생긴다. 누군가 재미난 시나리오 한 편을 써보고 싶다고 한다면 나는 가장 먼저 이 방법을 추천해주고 싶다. 자신이 생각한 이야기를 부끄러워하지 말고 일단 옆의 친구에게 옛날이야기처럼 들려주라고.

혼자서 완벽한 이야기를 만드는 것은 어려운 일이다. 특히 드라마는 시나 소설과 달리 오직 작가 한 사람만으로 만족하지 않는 장르다. 다양한 인물들의 다양한 시선이 공존하는 곳, 그곳에 드라마가 있다. '너의 이야기'의 묘미이자 난관이다.

그래서 '너'에 대한 세심한 탐구가 필요하다. 이는 곧 인터뷰와 자료 수집을 의미한다고 볼 수 있다. 인물을 잡고 이야기를 떠올렸다면, 바쁘게 움직여야 한다. 책상 앞, 내 좁은 머릿속에서 굴리기만 해선 안 된다. 실제로 내가 주인공으로 설정한 인물이 가진 직업인의 일상을 좇아보기도 하고, 내가 생각한 인물의 성격을 닮은 사람을 염탐하라는 이야기이다. 또한 이 둘이 조합되었을 때 현실적으로 부딪힐 사건들을 조사해 그를 바탕으로 극적 구성을 하라는 이야기이기도 하다.

한번은 패션 관련 아이템을 잡았더니, 감독님이 내게 진지하게 조언했다. 짧게라도 패션 업계에 뛰어들어 직접 일해보라고. 그렇게 직접 겪은 이야기가 그 어떤 것보다 생생한 현실감을 전하는 게 사실이다. 그 현장에서 스스로 사람들도 겪고 사건도 체험하게 되면 책이나 자료를 통해서 얻은 표피적 사실이 아닌 숨겨진 진실에 도달할 수 있다. 그래서 가장 편안한 접근은 자신의 경험을 바탕으로 소재를 잡고 글을 써내려가는 것이기도 하다.

고정관념, 따라야 할 때와 버려야 할 때

그런데 이러한 지점에서도 조심할 것이 있다. 자료 조사에서 찾아낸 현실을 바탕으로 했다고 해도 이를 보는 대중들이 무조건 현실로 받아들이지는 않는다는 점이다.

가슴 아픈 예를 들어본다. 영화 〈사랑 따윈 필요 없어〉를 작업할 때였다. 남자 주인공의 직업은 호스트, 이름은 '줄리앙'이었다. 그런데 이게 문제였다. 실제의 호스트 업계를 조사해서 얻은 이름으로, 줄리앙은 최고의 호스트만이 가질 수 있는 이름이라고 했다. 그런데 이를 영화 속 주인공 이름으로 접한 관객들에겐 그렇지 않았다. 영화에서 주인공이 심각한 분위기를 잡고 등장하는데, 한 여인이 그의 이름을 외쳤다. '줄리앙!' 그러자 객석 여기저기서 웃음소리가 터져 나왔다. 아뿔싸. 그 순간 실수했다는 것을 깨달았다. 안타깝게도 대중에게 줄리앙은 느끼하고 간지러운 이름일 뿐이었다. 여기서 간과한 것은 대중들의 선입관, 즉 그들이 가지고 있는 여러 고정관념이었다. 실제 업계에서 '줄리앙'이라는 이름이 가지는 현실적 배경보다 그 이름을 향한 대중의 선입관이 더 견고했던 것이다. 사소한 이름 하나일 뿐이었지만, 그로 인해 영화 시작부터 깨진 분위기는 관객의 몰입을 끝까지 방해했다. 이 경험을 통해 아프게 깨달았다. 자료 조사 등을 통해 현실적인 배경을 찾을 때, 일반적 통념과 다른 내용을 발견하면 몇 배는 더 조심히 다루어야 한다는 것을. 늘 고정된 통념을 따라야만 한다는 것이 아니다. 이를 전복하기 위해서는 '몰라서 그렇지, 현실은 그래'라는 막무가내의 폭력적 전개가 아닌 더욱 섬세한 설명과 전개로 자연스럽게 녹여내야 한다는 것이다. '너의 이야기'를 전함에 있어서, 너의 현실을 반영하는 객관성과 듣는 이의 마음을 헤아리는 공감, 이 둘의 조화를 염두에 두어야 한다.

그런데 과연 제삼자인 타인의 마음을 헤아리려면 어떻게 해야 할까? 이게 또 너무 난감하다. 뾰족한 비책이 없다. 그래서 가장 먼저 스스로에게 질문해본다. '너라면 어떨 것 같니?' 하고. 내 스스로가 납득하는 인물과 수긍할 수 있는 전개, 그것이 내가 만드는 '너의 이야기'의 시작점이다.

주인공, 독립적인 인격체 혹은 작가의 얼굴

글 밥을 먹은 지 이미 오래 되었음에도, 한 편의 완성된 극을 만들어간다는 것은 여전히 너무 어려운 일임을 매순간 느낀다. 갈수록 더 깊이 느껴간다. 늘 부족한 자신을 깨닫는 일, 그것이 가장 힘들다.

한 선배와 함께 일할 때였다. 회의를 하고 초고를 써갔더니, 글을 본 선배가 내게 되물었다. "너라면 이렇게 할 수 있니?" 그 말을 듣자 얼굴이 화끈거렸다. 부끄러워하는 내게 선배는 말했다. 여기쯤 웃겨야 하니까, 이렇게 해야 재미있을 거 같으니까, 그런 공식에 의지하지 말고 이 인물이라면 과연 어떻게 할지 캐릭터에 더 골몰해서 써보라고. 그는 우리가 만든 살아 있는 사람이라고. 작가인 네 의지가 아닌 그의 의지대로 움직이게 해보라고.

흔히 말하는 장르의 공식과 흥행 코드. 이런 것들은 물론 존재한다. 어떻게 쓰는가, 하는 질문에 여러 작법과 다양한 이론서가 존재하는 것처럼. 하지만 그 이전에 중요한 것이 있다. 우리가 다루고 있는 주인공은 다름 아닌 인간이라는 것이다. 인간은 누군가에게 조종되는 인형이 아니다. 각자의 의지대로 스스로 생각하고 행동해나가는 인격체이다. 그러니 공식이나 코드 따위에 좌지우지되어서는 안 된다. 오히려 이를 이끌어 가는 것이 맞다.

그런데 여기서 또 문제가 생기고 만다. 어떻게 그 수없이 많은 인물들, 곧 그들 자신이 되어 작품을 써나갈 수 있는가. 글을 쓰는 것은 고작 나 한 사람인 것을.

주변의 인물들을 통해 재미난 캐릭터를 만들어낸다 해도 완성은 쉽지 않다. 그들은 결국 내가 아니기에, 나로서는 도저히 이해할 수 없는 순간들이 생기고 마는 것이다. 이야기의 전개상 그 인물이 해야 하는 행동이고, 또 그래야 재미있다. 그러나 정작 쓰는 내가 그렇게 행동하는 인물을 이해할 수 없을 때가 있다.

최근에 구상한 작품의 주인공으로 상정된 그녀는 야무지게 재테크를 해내는 알파걸이었다. 그 캐릭터의 시작은 내 친구였다. 그녀는 늘 통장을 가지고 다녔다. 우울하고 힘들 때마다 통장을 꺼내보며, 그득한 잔고를 통해 위로받는 그녀였다. '아, 내가 이렇게 힘들게 일해서 이만큼 많이 벌었구나.' 하며 뿌듯함과 안정감을 얻는다고 했다. 그리고 그녀는 부동산에도 관심이 많아, 남자친구와 데이트를 할 때도 자신이 좋아하는 동네의 부동산을 돌아다니며 시세를 알아보기도 했다. 남자친구들이 마치 결혼을 종용받거나 이 정도는 준비되어 있는 거지? 하며 자격 심사를 받는 듯한 기분이 든다는 것을 그녀는 알지 못했다. 그녀는 그녀의 입장에서 지극히 합리적인 선택을 했을 뿐이었다. 데이트도 하고, 관심 분야도 연구하고. 이렇게 그녀의 입장을 풀어 쓰면, 이해할 수 있다.

그런데 막상 이야기 구조 속에 그녀를 넣고 보니, 매 순간 물어보지 않고는 이야기를 만들 수 없었다. 정작 글을 쓰고 있는 나는 그런 성격이 아니었기 때문이다. 재테크는커녕 통장 정리마저도 서툰데다, 계산적이기보다는 기분파인 나였다. 덕분에 내가 만든 인물과 쓰는 나 사이의 간극은 남극과 북극처럼 멀기만 했다. 그래서 결국 작품 속 인물의 성격을 변화시켰다. 세상 물정 모르는 몽상가. 현실의 팍팍함 속에서도 여전히 물색없이 동화를 꿈꾸는 철부지인 그녀로. 사실 그게 내 자신과 훨씬 가까웠고, 그렇게 만들고 나니 이야기 전개가 훨씬 수월해졌다.

그러나 어려움은 계속된다. 타인을 설득하려면 자신부터 설득해야 하기에, 매 순간 스스로에게 묻고 또 물으며 한 발 한 발 내디뎌야 한다. '너라면 어떻게 할래?' 하고. 그리고 그러한 행동이 가져올 결과를 깨달을 때면 두려워진다. 내 가까운 이들에게도 차마 내보이지 않았던 심연의 내가 고스란히 드러나게 될지도 모르기 때문이다. 그것이 수많은 대중들에게 노출되고, 판단될 것이기 때문이다.

근간에 있었던 아픈 경험을 또 하나 고백해본다. 새롭게 작업을 시작한 로맨틱코미디 영화가 있다. 남자주인공은 비교적 괜찮다. 내 이상형을 투영시키면 되니까. 그런데 여주인공에게는 어쩔 수 없이 내 자신을 투영하게 된다. 그러면서 고민한다. 평범치 못한 캐릭터인 나이기에 고스란히 날 닮은 여주인공이, 많은 이들의 공감을 얻을 수 있을까? 보다 평범한 여성이어야 하지 않을까? 그러다 보니 결국 탄생된 것은 타인과 내 자신을 오가는 다중인격 그녀였다. 그리고 결과는 참혹했다. 내 글을 놓고 하게 된 시나리오 회의에서 함께 작업하는 분들이 혹평했다. 여주인공이 일관성 없이 매력 없다고. 그 얘기는 내 귀에 결국 넌 너무 매력 없는 여자야, 로 들리고 만다. 결국 요즘 나는 여자로서의 자신까지 반성하며 매일 사랑의 카오스 속을 헤맨다는 슬픈 얘기다.

이런 이유로 글을 쓴다는 것이 곧 스스로를 온전히 드러내야만 하는 일임을 느낄 때 더없이 두려워지고, 끝없이 조심하게 된다.

스스로를 드러낸다는 것에는 또 하나의 무시무시한 사실이 존재한다. 내가 쓴 글, 내 결과물에서 도망갈 수 없다는 것이다. 시나리오는 혼자 쓰는 작업이 아니라 많은 사람들에게 응석 부려가며 얻은 도움으로 완성할 수 있었다. 그간에는 각색 작업을 주로 했기에 가능했던 일이기도 하다. 하지만 자신만의 각본으로 홀로 서야 하는 시기에 접어든 요즘은 그 어느 때보다 조심스럽다. 그래서 감독님의 말씀을 떠올리며 자신을 채찍질한다. "선정아, 지금 네가 쓸 수 있는 것, 딱 거기까지가 오늘의 너야. 그걸 인정해야 해." 그간 많은 작품들을 접해왔으니, 내가 작품을 보는 눈은 꽤 고급인 게 당연하다. 하지만 작품 보는 눈이 고급이라고 내가 쓰는 글까지 고급일 수는 없다는 것, 거기에서 늘 감당할 수 없는 비애감이 엄습한다. 어느 작가가 말한 낭만적 테러리스트의 아픔을 떠올리게 된다. 이미 변해버린 연인에게 사랑을 갈구하며 테러를 자행하지만, 그 테러로 인해 연인의 보살핌을 받게 되면 그것이 연민은 아닌지 따져 묻게 되는 그 부조리함과 서글픔. 작품을 두고 악평하는 이에게 어쩜 그렇게 사람의 마음까지 짓밟을 수 있냐 죄책감을 자극한 후, 너의 인격을 모독한 것은 아니다 라는 말을 들어도 그 작품이 곧 나인데 동정 따윈 바라지 않는다고 어깃장을 놓는 기분. 작품에 대한 비평은 늘 당하게 되지만 늘 새롭게 아픈 일이다. 영원히 새살 돋을 일 없는 생채기다.

애정 결핍을 앓는 작가의 애달픈 구애, 그게 나의 글이다

글이라는 것은 참 신기하다. 앞서 말했던 것처럼 내가 쓴 글이 재미없다는 얘기를 들으면, 그 품평을 내리는 사람으로부터 내 자신이 거부당한 것 같은 상실감을 느끼고 만다. 그가 싫다고 한 것은 내가 아님에도 나는 그로부터 밑도 끝도 없는 실연 선고를 받은 기분이 드는 것이다. 그것도 연애를 시작해보기도 전에 말이다.

어쩔 수 없다. 내 스스로가 고스란히 드러난 것이 바로 내가 쓴 글이니까. 글을 쓴다는 것은 누군가에게 거절당하더라도 사랑 고백을 해보는 용기와 같다. 용기 있는 자가 미인을 얻듯 용기 있는 작가가 사랑 받는 글을 쓸 수 있다. 그렇게 생각하며 오늘도 나는 내게 등 돌리고 선 대중의 등을 두드린다. 내가 뜨겁게 짝사랑하는 그 대중들에게 내 사랑을 제발 받아달라고 진심이 담긴 러브레터인 작품을 보낸다. 그들이 기꺼이 자신들의 인생 한 조각을 할애해 내 작품과 열애해주기를 기대하면서.

결론적으로 말하면 글을 쓰는 데 이렇다 할 묘책이 나는 없다. 솔직히 정말 모르겠다. 매 작품을 새롭게 시작할 때마다 헤매는 내가 한심할 정도니, 더 말해 뭐하겠는가. 하지만 글쓰기에서 가장 중요한 것은 '어떤 마음을 전하고 싶은가'라고 생각한다. 그렇기에 더더욱 우선인 것은 현재의 나를 받아들이는 것이다. 현재의 내가 담아내고 표현할 수 있는 것을 등 돌리지 않고 마주하는 용기. 바로 그곳에서 나다운 글쓰기는 시작된다. 일기를 쓸 때 가감 없이 솔직한 자신을 드러내는 것처럼 말이다. 그런데 이 일기엔 숨겨진 독자가 있다고 상상해보자. 그 독자가 훗날의 내 연인이고 내 아이고 손자라고 여기고 쓴다면, 재미와 감동이 함께하는 글이 나오지 않을까. 내 소중한 이들이 내 글을 읽으며 현실의 팍팍함과 고단함을 잠시 잊을 정도로 행복해지기를. 내가 만든 허구의 이야기가 짜증나는 일상을 웃으며 넘기는 여유로 다가가기를. 언젠가는 이야기 속 주인공들처럼 달콤한 사랑과 근사한 성공을 맛볼 수 있다는 믿음을 갖게 되기를.

물론 이는 지나치게 동화적이고 낙관적이라는 비판을 받을 수도 있다. 그러나 그러면 좀 어떤가. 결국 내가 쓰는 글은 계몽이나 사회 고발을 위한 글도 아닌 것을. 내 글의 가장 큰 목적은 내 글을 보는 이들에게 즐거운 위로를 전하기 위함인 것을. 그런 마음으로 글을 써나가려고 늘 노력하고 있다.

누구의 간섭도 없이, 오로지 스스로가 처음부터 끝까지 써내려간 글. 그래서 어떠한 변명의 여지도 없이 내 자신이 고스란히 드러나 있는 글. 그 글을 앞에 두고 수줍은 부끄러움으로 기대하게 된다. 세상에 맨몸으로 태어나 처음 울음을 터뜨릴 때를 기억한다면, 이런 기분일까. 내 울음소리에, 내 글에 누군가가 애정으로 답해주기를 간절히 바란다. 또 한 번의 낯선 모험. 그 모험의 책장 속에 숨겨진 내 손을 맞잡고 내가 만든 세상 속의 기쁨과 아픔을 공감해줄 이들을 기대한다. 더 많은 이들과 손을 맞잡고 마음을 나누게 되기를. 내가 만든 동화 속 현실에서 지친 마음 잠시 쉬어 가기를.

나는 칼럼을 어떻게 쓰는가

칼럼의 정수는 남다른 관점이다
칼럼니스트 임범

칼럼 소재 짜내기

"어, 선배! 또 칼럼 쓸 때 됐구나. 전화한 거 보니까."
"히히. 뭐 쓸 거 없을까?"
"몰라. 나 요새 내 코가 석자라서 세상 일 관심 끄고 사는데……."
"그래도 넌 아직 신문사에 있잖아. 사람들끼리 관심 갖고 말하는 게 뭔지 알 거 아냐."
"……(후배의 짜증 섞인 얼굴이 눈에 보이는 듯하다)…… 선배, 나 지금 뭐 해야 하는데 칼럼 거리 생각해보고 이따가 전화할게."
"(나는 후배가 전화할 거라고 결코 믿지 않는다) 야, 잠깐만! 너 〈나는 가수다〉 보지? 거기 국민투표 하잖아. 그게 있잖아, 이렇고 저렇다고 생각하지 않아? 그렇게 쓰면 말이 될까?"
"글쎄, 쉽지 않겠는데. 별로 재미도 없을 것 같고. 여하튼 이따 전화할게."
(나는 맘이 흔들린다. 그 주제에 자신이 없어진다. 이번엔 영화사 다니는 친구에게 전화한다.)
"야! 요새 영화계에 칼럼 쓸 만한 이슈 없냐?"
"(무성의하게) 영화진흥위원회 위원장 사태 갖고 쓰면 되겠네."
"그건 너무 뻔하잖아."
"몰라, 그럼. 나 바빠. 잘 써보슈.

신문 칼럼 마감일 이틀 전, 혹은 사흘 전부터 나는 전화를 돌린다.

몇몇 친구들은 전화 받으면 바로 안다. 내가 칼럼 때문에 전화한 걸. 함께 칼럼 소재를 고민해주는 이도 있지만, 대체로 귀찮아한다. 당연한 일이다. 그래도 난 전화를 돌린다. 막연히 '뭐 쓸 거 없냐?'고 묻기도 하고, 생각해둔 소재에 대한 상대방의 견해를 묻기도 한다. 상대방이 뭐라고 답하느냐가 중요할 때도 있지만, 대체로는 내 독백이나 마찬가지다. 말하면서 내 생각을 정리하는 것이다. 내 전화를 자주 받는 이들도 그걸 안다. 그러니 짜증나기도 할 것이다. 그래도 전화를 돌린다. 그만큼 다급하니까.

나는 기자 생활을 18년 하면서 기사를 수도 없이 썼고, 신문사를 그만둔 뒤엔 (아직 영화화가 안 되긴 했지만) 시나리오도 썼고, 익명으로 콩트도 연재했다. 그러니까 픽션, 논픽션 다 써봤다는 말이다. 그런데 제일 힘든 게 바로 칼럼이다. 마감이 다가오면 3, 4일 전부터 원인 모를 불안감에 휩싸이곤 한다. 소재를 못 찾아 마감 전날 밤을 꼬박 새거나, 잠을 청해놓고 악몽에 시달린 적도 많다. 소재를 찾은 뒤에도 막상 글을 쓰기 시작하기까지 머리를 워밍업하는 데 시간이 한참 걸린다. 아니, 그 시간이 갈수록 길어진다. 노화?

말하자면 이런 거다. 이런저런 정보들이 머리에 산재해 있는데, 이걸 글로 뽑아내려면 머리 한쪽으로 모아서 버릴 것은 버리고, 취할 것은 취한 뒤에 논리 정연하게 순서를 재배치해야 한다. 그런데 정보를 머리 한쪽으로 모으는 게 의지대로 안 된다. 처음엔 내가 생각을 집중하기 싫어서 안 하는 거라고 생각했다. 시간이 지나면서 그게 아닌 것 같았다. 안 하는 게 아니라 못 하는 것 아닐까. 담배를 피울 땐, 연거푸 몇 대를 피우면 정보가 머리 한쪽으로 모아졌다. 담배를 안 피우기 시작한 뒤로는 별짓을 다한다. 집 안 구석구석 돌아다니고, 이것저것 집어먹고, 여드름 짜고 코털 깎고, 안 하던 청소를 하고……

미세한 입장 차이를 나만의 관점으로

글 쓸 땐 항상 겪는 일이기도 하지만, 유독 칼럼 쓸 땐 더하다. 이런저런 생각을 한참 한 뒤에야 한 문장이 나오고, 또 한참 뒤에 한 문장 나오고. 공을 많이 들여서 그러나? 그래봤자 써놓고 나면 거기서 거기인데. 이렇게 힘들게 칼럼을 쓰고 있는 나로서, '칼럼 잘 쓰는 법' 같은 걸 말하는 건 아무래도 무리일 것이다. 또 글이라는 게 장르 불문하고 본질이 비슷해서, 그냥 글 잘 쓰는 방법이라면 몰라도 특별히 칼럼만 잘 쓰는 방법이라는 게 있을 거라고 생각하지도 않는다.

다만 한 가지, 내 생각에 칼럼의 정수는 글쓴이만의 관점이다. 다른 글과 달리 칼럼일수록 이 관점이 중요하다. 설득력이 뒷받침된다면 그 관점은 독특할수록, 남다를수록 빛이 난다. 문장 좋고, 논리 정연해도 관점이 평이하다면 그 칼럼은 재미가 없다. 당연한 말 아니냐고? 당연한 만큼 중요하다는 말이다. 실제로 신문 보면 이런 재미없는 칼럼들, 수사와 비유만 요란하지 자기만의 독특한 관점이 없는 칼럼들 많다.

칼럼이 다른 글보다 쓰기 힘들다면 바로 이 점 때문일 거다. 남과 다른 자기만의 관점을 갖는다는 게 어디 쉬운가 말이다. 평소에 세상을 바라보는 관점이 평범한데 칼럼 쓴다고 해서 남다른 생각이 나올까. 애써 남다른 척하면 글만 더 꼬일 뿐이다. 그런 칼럼도 많다. 기사는 취재를 더 열심히 하면 잘 쓸 수 있고, 수필이나 기행문도 이것저것 뒤져서 인용하면 좋아질 수 있다. 정보나 자료는 단기간의 노력으로 더 얻어낼 수 있지만 관점은 그렇지가 않다. 다시 말해 칼럼은 당장 뭘 열심히 한다고 해서 잘 써지는 경우가 드물다.

그러니 평소에, 젊을 때, 아니 어릴 때부터 책 많이 읽고, 세상 경험 많이 하고……. 이런 공자님 말씀은 생략하고, 내 경험에 비추어 몇 마디 덧붙인다면 이런 거다. 나는 세계관은 지식의 문제라기보다 성정의 문제라고 생각하는데 그렇다면 관점도 남에게서 배우는 게 아니라—가끔은 배우기도 하겠지만—자기 성정 안에 있는 걸 발견해나가는 게 아닐까. 사람의 관점이 다 같은 것처럼 보여도 조금씩 다를 때가 많다. 문제는 그게 어떻게 다른지 스스로도 설명을 못 하니까 남들과 같다고 생각해버리는 것이다. 남들과 같다고 여기고 거기에 묻어가지 않고, 그 미세한 차이를 세밀하게 들여다보는 습관을 들이는 게 중요하다.

예를 들어 많은 사람들이 어떤 영화가 좋다고 하는데 나는 좋지 않았다면, 그게 왜인지 곰곰이 따져봐야 한다. 그 답이 떠올랐다 해도 100퍼센트 만족스럽지 않다면, 차라리 답 찾기를 미룰지

언정 '이 정도면 정답일 거야' 하는 식으로 절충하지 말아야 한다. 신문사에선 어떤 사안에 대한 판단을 놓고 구성원 간에 이견이 생길 때가 많다. 회의를 통해 합의점을 구하든, 부장이 판단해 지시를 내리든, 결정이 내려지면 더 이상 다른 생각 하지 않고 그 방향으로 빨리 취재하고 기사 쓰는 이가 있고, 결국은 그 결정대로 하면서도 자꾸만 토 달고 기웃거리는 이가 있다. 기자로선 전자가 유능하겠지만, 기자 생활 오래 하고 나중에 칼럼 쓸 때 보면 후자가 잘 쓰는 걸 여러 번 봤다.

그럼 내 칼럼은 얼마나 남다른 관점을 드러내왔냐고? 내가 힘들어 하는 게 바로 그거다. 그러지 못해서 힘든 거다. 이놈의 칼럼은, 쓸 게 안 찾아지면, 겨우 찾았는데 잘 안 써지면, 인생을 잘못 살고 있다는 생각까지 들고⋯⋯. 고쳐도 고쳐도 좋아지질 않아서 마음에 안 든 채로 글을 보내고 나면 며칠 동안 기분이 찜찜하고. 그런 과정 몇 번 겪다보니 맷집이 좋아지긴 했다. 글 보내고 나면 바로 잊어버리고, 댓글 같은 거 안 보고⋯⋯. 그러면서 왜 쓰냐고? 글을 쓴다는 건 괴롭더라도 좋은 일인 것 같고, 가끔씩은 잘 썼다 싶을 때도 있고, 칼럼을 씀으로 해서 세상을 좀 더 유심히 보며 살게 되는 것 같기도 하다.

나는 1989년부터 《한겨레》 기자 생활을 시작했는데, 신문 여론면에 실리는 본격적인 칼럼을 쓰기 시작한 게 2005년, 문화부장을 할 때였다. 3, 4주에 한 번씩 고정적으로 쓰게 됐다. 부장이어서 쓴 게 아니라 (부장들이 돌아가면서 쓰는 '데스크 칼럼'은 따로 있었다.)

칼럼 고정 필진을 사내 여론 조사를 통해 뽑았다고 했다. 뽑혔다니 당연히 기분이 좋았지만 그만큼 부담스러웠다. 첫 번째 칼럼의 소재는 쉽게 찾았다. 그때 막 남미 대륙 하단인 파타고니아에 관한 책 두 권을 재밌게 본 참이었다. 책을 보고 생겨난 파타고니아에 대한 내 동경을 서정적으로 쓰자. 《한겨레》에 서정적인 칼럼이 드물지 않나. 비판이 난무하는, 서정의 불모지대에 새 바람을 불어넣자!

야무진 꿈을 가지고 썼는데, 결국은 내 성정 혹은 기질이 드러나게 되어 있는가보다. 내겐 좋게 말해 리버럴하고, 나쁘게 말해 무책임한 기질이 조금 있다. 〈내 마음의 파타고니아〉라는 제목 아래 파타고니아에 얽힌 낭만적인 일화들을 소개하고는, 그리로 가고 싶다, 신자유주의 경쟁의 노예가 된 지금 여기가 갑갑하다, 그런 얘기를 쓰고는 마무리를 이렇게 했다.

파타고니아에 대한 나의 동경은 기실 뻔한 거다. 여러 사건과 곡절에도 불구하고 세상이 별반 달라지지 않고 있다는 실망, 우리 일상과 머릿속으로 파고드는 신자유주의의 각박함. 이런 것들로부터 벗어나 삶의 원형질 같은 정서로 회귀하고 싶은 욕구. 그게 패배자, 망명자, 방랑자의 땅 파타고니아를 떠올리게 한다. 49년생인 세풀베다는 사회주의자로 자라 아옌데 정부에 복무했다가 73년 피노체트 쿠데타 이후 구속돼 3년 동안 갇히고, 16년 동안 망명생활을 했다. 자전 소설에 가까운 《파타고니아 특급열차》에서 고생 끝에 마침내 할아버지의 고향인 스페인으로 돌아온 주인공은 환영처럼 할아버지의 목소리를 듣는다. "누가 되었든 행복한 존재가 된다는 것을 부끄럽게 생각해선 안 되는 거야!" 울림이 있지만 행복? 참 어려운 말이다. 지난해 총선 때 민주노동당이 "행복해지길 두려워 마십쇼"라는 브라질 노동당 구호를 빌려와 내걸었다. 그런데 지금 노동조합은 어느 때보다도 고전하고 있다. 행복은 결과로 느끼는 감정일 뿐, 구호로 내걸기 힘든 말 같다. 역시 파타고니아로 가야……

눈을 뜨니 월요일이다. 젠장!

─〈내 마음의 파타고니아〉,《한겨레》2005년 5월 29일자

'먹고 살기 힘든 세상에서 빨리 나가 일할 것이지, 무슨 얼어 죽을 파타고니아 타령이냐'는 뜻이었는데, 뉘앙스가 '좋게 말해 리버럴하고 나쁘게 말해 무책임'하게 보이긴 했다. 당시 사장이던 정태기 선배로부터 한 소리 들었다. "신문사 부장이란 사람이 '젠장'이 뭐냐!"

생각을 굴리고 굴려서, 지식과 감정의 바닥까지 박박 긁어서

그해 말, 황우석 사태로 온 나라가 시끄러울 때였다. 나도 이 사태를 가지고 칼럼을 쓰기로 했다. '어떻게 써야 하나!' 마감 당일 아침인데도, 소재만 잡아놓고 끙끙대고 있는 내게 편집국장이 말하길, 황우석 사태는 쓰지 말라는 것이었다. 외부 칼럼부터 시작해 여론면이 온통 그 얘기라는 것이었다. 황급히 머리를 짜내, 두 시

간 만에 칼럼을 썼는데, 바빠 쓰다보니 또 내 리버럴한 기질이 드러났다. 안전띠 착용 의무 조항, 이혼 숙려 제도 등 개인이 알아서 할 일에 자꾸만 국가가 간섭하는 것을 비판하는 〈국가, 너나 잘하세요〉라는 글이었다. 중간 부분을 인용한다.

[……] 개인 생활에 국가가 간섭하는 법들이 자꾸만 많아지려고 한다. 안전띠까지는 교통사고 사망율을 줄이는 데 기여한다는 점을 십분 받아들여 양해한다고 치자. 가족에 충실할 것을 의무화하는 건강가족기본법이 올해 초 발효되더니, 얼마 전 여당은 이혼을 쉽게 못하게 하는 '이혼절차에 관한 특례법안'을 국회에 냈다. 이혼을 하려면 법원에 이혼을 신청하고서 의무적으로 3개월 동안 기다리면서 상담을 받고, 그래도 하겠다면 하라는 법이다. 이 법안에 반대하는 시민·여성단체에서는 법안에 담긴, 이혼을 나쁘게만 보는 시각을 지적하거나 법의 실효성에 의문을 던지고 있다. 그것도 옳지만 기본적으로 이 법안은 헌법상의 행복 추구권, 인격권을 침해할 소지가 다분하다. 누구와 함께 사느냐 마느냐의 문제에 대해 국가 체제가 이런 식으로 개입하는 게 옳은가.

—〈국가, 너나 잘 하세요〉,《한겨레》2005년 11월 28일자

거기에 얼마 전에 내가 안전띠 미착용으로 단속에 걸려 딱지를 뗀 사실도 썼다. 그랬더니, 독자 메일이 왔다. '신문사 부장이라는 양반이 법을 안 지켜서 딱지를 뗐으면 반성할 일이지, 어디 칼

럼에다가 그 분풀이를 하고 있냐'는 것이었다. 실제 글은 내가 요약한 것보다 공손하고 정중했다. 선량한 사람 같았다. 지금 봐도 이 칼럼은 거칠다. 논리적 허점도 많고, 악을 써댈 뿐 유머도 재미도 없고. 그런데 뜻밖에도 이 칼럼을 기억하는 이들이 많았다. 속이 시원했다는 거였다. 어떤 칼럼은 차분한 설득보다, 독자의 화를 대신 풀어주는 용도로 환영받기도 한다. 하지만 이런 칼럼은 내 취향도 아니고, 남에게 쓰기를 권하고 싶지도 않다.

칼럼 쓸 차례가 다시 왔을 때, 마침 피터 잭슨 감독의 영화 〈킹콩〉을 재밌게 본 터여서, 황우석 사태를 이 영화와 연결시켜서 썼다. 제목이 〈킹콩과 함께 석양을〉이었는데, 마지막 문단에서 황우석 사태를 두고 "잇속을 좇는 목소리 앞에 가치를 추구하는 말들이 묻힌다."고 표현했다.

큰 고릴라는 산꼭대기에 올라가 석양을 보는 게 일과였다. 망망대해에 홀로 솟은 작은 섬. 그 꼭대기에서 발 아래로 내려다보이는 바다는 고개를 어디로 돌려도 선명한 수평선 안에 갇혀 있었다. 한 뼘밖에 되지 않는 세상. 그 저편으로 넘어가는 붉은 해를 넋 놓고 보다가 어두워지면 그놈도 잠들었다.

아침이 되면 저 밑으로 내려가야 한다. 먹기 위해, 먹히지 않기 위해 아귀 같은 짐승들과 싸워야 한다. 그렇게 하루치 배를 채운 뒤 산에 올라오는 일을 매일같이 되풀이하면서도 그 고릴라는 자기가 왜 이곳에 오는지 몰랐다.

여자와 산에 올랐던 날은 고릴라가 유달리 많이 싸운 뒤였다. 육식 공룡들과 싸우며 온몸에 피를 흘렸고 화가 정점까지 치솟아 마지막 한 마리 공룡은 주둥이를 찢어 죽였다. 산꼭대기에 올라앉은 고릴라는 상처의 피가 굳는 속도만큼 천천히 숨을 골랐다. 저열한 생존. 무슨 생각을 할 수 있을까. 그때 붉은 노을이 지는 그곳에서 여자가 고릴라를 향해 손으로 가슴에 동그라미를 그리며 말했다. 아름답다고.

인간들에게 붙잡혀 뉴욕까지 끌려온 고릴라는 거기서 그 여자를 다시 만나 뉴욕의 가장 높은 건물 옥상으로 올라갔다. 어느덧 새벽이 됐다. 조만간 비행기들이 고릴라를 죽이러 날아올 것이다. 아직은 조용한 가운데 여명으로 하늘이 붉어지기 시작했다. 그때 고릴라가 여자를 향해 손으로 가슴에 동그라미를 그려 보였다.

고릴라는 알게 된 거다. 아름답다고 부르든 어떻게 부르든 삶에는 먹고 먹히는 싸움을 넘어서는 무엇이 있다는 것, 스스로 몰랐지만 전부터 석양을 보러 산꼭대기에 올라온 게 실은 그 무엇 때문이었다는 것을.

[……] 저열하고 비루한, 약육강식의 전쟁터이기는 인간 사회도 크게 다를 바 없었다. 고릴라가 만난 여자가 사는 1930년대 뉴욕의 중하층 사회는 서로 등쳐먹기 바쁜 잔인한 곳이었다. 여자는 거기서 삼류 배우, 무용수를 전전하며 살고 있었다. 맨해튼 꼭대기에서 고릴라는 알았을까. 아침이 되면 여자도 저 밑에서 아귀 같은 인간들과 싸워야 한다는 걸.

영화를 벗어나 지금 이곳으로 눈을 돌려도 얘기는 달라지지 않는다. 잇속을 좇는 목소리 앞에 가치를 추구하는 말들이 묻힌다. 국익이라는 말이 등장하면서 이런 현상이 당연하고 자랑스러운 것처럼 얘기되던 게 얼마 전까지의 일이다. 그건 한국 사회가 얼마든지 더 나빠질 수 있음을 보여주는 징후적인 사건이기도 했다. 그때를 생각하면 주둥이를 서로 찢으며 외치는 짐승들의 고함과 비명 소리가 들리는 것 같다. 세밑 새해 해질녘에 가까운 산에라도 올라 킹콩처럼 숨을 고르자. 1년 동안 싸우면서 생겼던 상처를 달래자. 그리고 거기서 초심을 찾아보자.

—〈킹콩과 함께 석양을〉,《한겨레》2005년 12월 21일자

졸고들을 인용하는 게 부끄러운 일이지만, 지금 보면 그래도 열심히 고민하면서 쓴 티가 난다. 신문사 있으면서, 신문사 나온 뒤에, 칼럼을 연재해온 게 8년이 다 돼간다. 그동안 전부터 해왔던 생각은 물론이고, 책에서 인상 깊게 읽은 글귀 하나까지 다 동원했다. 과거를 그리워하는 '향수'라는 단어의 라틴어 어원을 찾아가면 '망각'이라는 단어와 만난다는, 그래서 향수는 망각과 동전의 양면을 이룬다는, 밀란 쿤데라의 말을 인용해, 여차하면 옛날 가난하던 시절 얘기를 하는 한국의 동화나 어린이영화를 비판하기도 했다. "하늘에 빛나는 별이 모든 세상의 지도가 돼주었던 시절은 행복했다."는 루카치의 말을 끌어와, 노무현 대통령 때 어디로 갈지 갈피를 잡지 못하던 검찰을 묘사하기도 했다. 그게 얼마나 말이 되는 것이었는지는 별론으로 하고, 여하튼 그런 식으로 내 지적 재산을 총동원해 글감을 마련했다.

언제부턴가 이런 생각이 들기도 했다. 내가 남달리 겪었던 경험, 혹은 세상에 대해 남달리 하고자 했던 이야기들을 다 써먹은 것 같다는. 밑천이 떨어졌으니 어쩌나. 그래도 또 박박 긁으면 나

왔다. 앞에서 했던 얘기, 내가 왜 그걸 좋아했나, 혹은 싫어했나를 되물었고 거기서 또 글감을 찾기도 했다. 뭐냐면, 나는 가장 감명 깊게 본 영화가 〈퀴즈 쇼〉인데 그 영화가 왜 그렇게 좋은지 스스로 설명을 하지 못하고 있었다. 수년 전에 그 영화를 다시 봤다. 또 다시 가슴이 뛰고 눈시울이 따가워졌다. 이게 뭐지?

마침 그 얼마 뒤 노무현 전 대통령이 세상을 떠났다. 갑자기 〈퀴즈 쇼〉가 떠오르더니, 뭔가 연결 고리가 보였다. 그때 알게 됐다. 내가 왜 이 영화에 감동하는지. 그건 상대방의 '명예감정'을 존중해주는 태도였다. 그 상대방이 연관된, 구조적 비리를 바로 잡는 일을 하면서도 말이다. 그런 태도는 노무현 전 대통령의 일화와도 닿는 듯했다. 그때 〈퀴즈 쇼와 노무현〉이라는 칼럼을 썼다. 난 지금도 이 칼럼이 좋다. 이 칼럼을 쓰면서 새삼 알게 된 게 많다. 내가 어떤 것에 감동하는지, 내가 노무현을 왜 좋아했는지……

〈퀴즈 쇼〉는 1950년대의 실화를 다룬다. 공영 방송사 NBC가 퀴즈 프로그램의 시청률을 높이려고, 특정인에게 미리 문제를 알려주며 승자를 조작해 오다가 의회 청문회에 적발된다. 이 비리를 적발한 건 입법조사관 딕 구드윈이다. 하버드 법대를 나온 변호사로, 월가 거대 로펌을 마다하고 의회로 왔다. 돈보다 세상에 기여하는 일을 하려는, 의로운 마음을 가진 이다. 딕은 퀴즈 왕들로부터 잇따라 '문제를 미리 받았다'는 진술을 듣는데, 한 명이 부인한다. 저명한 문필가, 학자를 배출한 명문 밴도런가의 찰스 밴도런으로, 그 역시 컬럼비아 대학에서 문학을 가르친다. 딕은 찰스가 거짓말한다고 확신하면서도 그를 몰아붙이지 않고 주저한다. 찰스의 집에 가서 그의 아버지를 본다. 자연에 묻혀 살면서도 사회를 보는 눈이 깊고 정확하다. 이런 가문의 명예를 망가뜨리기가 아까웠던 걸까, 아니면 이런 사람들일수록 명예감정이 다치면 정말 깊게 상처 입는다는 걸 알았던 걸까.

처음엔 그런 딕이 답답해 보이다가 이내 뭉클해졌다. 남의 비리를 파헤치는 일을 하면서도 저렇게 신중하고, 상대방의 명예감정을 중요하게 생각하는 모습이 아름답게 보였다. 딕의 부인이 말한다. "자기는 밴도런보다 열 배 남자답고 열 배 똑똑하고 열 배 인간적이야. 그런데도 그를 보호하기 위해 굽실거리고 있어." 딕이 답한다. "내 목표는 돈을 위해 대중 조작을 일삼는 방송사 간부와 광고주를 고발하는 것이지 거기 동원된 사람들을 망가뜨리는 게 아니라고."

[⋯⋯] 노무현을 떠올린 건 두 가지 점에서다. 우선은, 그를 수사하고 그걸 보도했던 이들에게 딕 같은 신중함이 있었더라면 하는 생각이다. 하지만 부질없다. 비리로 구속됐다 다시 정치하는 이가 한둘이 아니고, 비리 수사가 정치 게임처럼 돼버린 지 오래인 이 사회에서 누군들 명예가 그렇게 소중하다는, 사람을 죽게까지 할 수 있다는 생각을 할 수 있었을까. 둘째는, 영화에서 노무현의 모습이 겹쳐지는 게 찰스가 아니라 바로 딕이기 때문이다. 그는 청문회에서 사람을 추궁할 때도 문제가 된 사안을 벗어나지 않았다. 인신공격하거나 망신 주지 않았다. 대통령이 돼서도 칼을 휘두르는 대신 원칙을 따지며 토론했다.

그가 죽은 뒤 그를 투사로, 승부사로 재조명하는 말들이 나오는데, 썩 미덥지가 않다. 그보다 내가 자격이 있는지 모르겠지만 영화의 대사를 빌려 한

마디 하고 싶다. 당신은, 당신을 힘들고 버겁게 만들었던 그 누구보다도 열 배 남자답고 열 배 똑똑하고 열 배 인간적이라고.

―〈퀴즈 쇼와 노무현〉,《한겨레》2009년 6월 19일자

10년 묵힌 생각이 효도한다

1995년 말부터 1996년 초에 나는 신문사 생활을 통틀어 가장 바빴다. 검찰 출입 기자였고, 그때 검찰청에선 노태우 비자금 사건부터 5·18 재수사까지 일련의 일들이 벌어졌다. 워낙 큰 사건이다 보니 바빠도 재밌었고 특종도 몇 건 했다. 그럼에도 그때 생선 가시가 목에 걸린 것 같은 불쾌감이 따라다녔다. 정부, 여야, 언론까지 합세해 벌였던 5·18 특별법의 처리 과정이 맘에 들지 않았던 것이다. 결과에 급급해 절차를 무시해버린 대표적인 사례 같았다. 하지만 나와 같은 생각을 하는 사람은 드물었고, 나 역시 그런 비판을 하기가 쉽지 않았다. 전두환 전 대통령에게 사법적 책임을 묻는 건 역사적으로 필요한 일이라고 생각했기 때문이다. 그래도 개운치 않은 마음은 계속 남아 있었다.

그러던 차에 2007년 5·18을 다룬 영화〈화려한 휴가〉가 개봉했다. 영화를 보고 나니 5·18 특별법 처리 과정을 다시 말할 수 있겠다 싶었다. 아니 말해야 한다는 생각이 들었다. 그때 영화와 같은 제목인〈화려한 휴가〉라는 칼럼을 썼다. 이 칼럼은 반향이 매우 좋았다. 나 역시 누군가는 해야 할 이야기를 한 것 같아 기분이

좋았다. 내 경험, 내 생각을 10년 넘도록 버리지 않고 있어서 가능했던 것이다. 전문을 인용해본다.

1980년 5월 광주를 다룬 영화 〈화려한 휴가〉를 보고 난 뒤 머리가 복잡했다. 광주민주화운동 이듬해인 81년에 대학에 들어간 나는 그때 몰래 돌던 지하 유인물 〈광주백서〉를 읽고서 그날 밤 오한과 함께 밤새 악몽에 시달렸던 기억이 있다. 이 영화를 보기 전엔, 광주 시가전 장면에서 혈압이 오르고 머리가 솟구치지 않을까 싶어 내심 꺼려지기도 했다. 막상 영화를 볼 때 계엄군이 시민들을 학살하는 정점에서 클로즈업, 슬로모션과 함께 배경음악이 흐르는 순간, 이상하게도 화면 속에서 벌어지는 일이 남의 이야기처럼 보이면서 내 심장 박동 수에 큰 영향을 끼치지 않고 있었다. 한번 더 놀란 건, 객석 곳곳에서 조금씩 새나오던 울음소리가 나와 정반대로 그 순간에 더 커지고 있음을 알고서였다.

영화가 끝나고 나올 때 보니, 눈시울이 붉어진 관객들은 대체로 광주항쟁 이후에 태어난 듯한 젊은 층이었다. 아! 가공된 드라마와 스펙터클이 실제 사건을 직·간접으로 겪었던 이들에겐 그 사건을 남의 일처럼 보이게 하는 반면, 그걸 겪지 않은 이들에겐 더 큰 감정이입을 가능하게 만드는구나…… 그렇게 생각했다가 이내 그것으론 부족하다 싶어졌다. 이 영화는 광주항쟁을 성찰하고 재해석하기보다, 이런 일이 있었다고 고발하고 폭로하는 영화였다. 행복하게 살던 시민들이, 갑자기 들이닥친 계엄군에게 폭도로 몰려 학살당해야 했던 어처구니없는 일이 있었다고. 이야기 구조도 거기에 맞춰 설계됐고 더 이상 욕심을 내지 않는다.

그렇다면 더 이상하지 않은가. 1980년대 이후 역사에 가장 큰 영향을 끼쳤던 사건을 두고서, 27년이 지나 나온 영화가 고발과 폭로의 수준에 머문다는 게. 그럼 영화가 시대착오적인 걸까. 그것도 틀린 게, 많은 관객들이 영화를 보러 와선 울고 분노하고, 착잡해 하며 극장을 나선다. 29일까지 개봉 첫 주말에 150만 명은 들 것 같다는 게 제작사 쪽 관측이다. 광주민주화운동을 잘 모르는 젊은 세대라 해도 이렇게 정서적으로 감응한다는 건, 그 사건의 응어리가 여전히 남아 있다는 말로 볼 수밖에 없다. 역사가 해결하지 못한 응어리를 두고서 영화가 성찰하고 재해석하긴 힘들다. 그럴 땐 고발하고 폭로하는 게 먹힌다.

본론으로 들어가자. 그럼 지금까지 실제 역사가 아무것도 안 했던가. 전두환 전 대통령 등 80년 당시 신군부 실세들은 이미 95년 말에 구속돼 무기징역 등 중형이 확정됐다. 국방부 과거사진상규명위원회는 계엄군 발포 명령자를 밝혀내지 못했지만, 앞서 96년 검찰은 광주에서의 살상행위에 대한 책임을 물어 전 씨에게 내란 목적 살인죄를 적용했고 대법원에서도 유죄로 인정했다. 법적으로 할 수 있는 건 다 한 셈이다. 97년 말 김영삼 대통령과 김대중 대통령 당선자의 합의 아래 전 씨를 사면, 석방한 일이 논란이 됐지만, 당시 여야 3당 모두 환영했고 언론과 시민단체의 반발도 드세지 않았다.

95~97년 법조기자를 했던 나는 전 씨 사면보다도, 95년 말 5·18특별법 제정 추진부터 시작된 일련의 일들에, 반성할 대목이 있지 않냐는 생각을 새삼하게 된다. 95년 검찰은 전두환, 노태우 두 전 대통령 등에게 '성공한 내란은 처벌할 수 없다'며 불기소 처분을 내렸다. 여기에 대해 헌법재판소는 다른 관련자는 몰라도 전, 노 씨 둘은 처벌할 수 있다는 결정을 내린 뒤 발표를 앞두고

있었다. 그게 알려지자 청와대는 5·18 특별법 제정방침을 발표했고 전, 노 씨 등의 고소인이었던 야당은 헌재에 낸 헌법소원 자체를 취하해버렸다.

전, 노 씨뿐 아니라 관련자 모두를 처벌할 수 있는 특별법으로 가자는 것이었지만, 5·18특별법은 소급입법으로 위헌이라는 논란의 여지가 있었다. 그 법이 헌재에 다시 갔을 때 헌재는 '위헌 의견을 낸 재판관의 정족수가 부족하므로 합헌'이라는 결정을 내렸다. 여러 가정과 경우의 수를 퍼즐처럼 엮어놓은 그 기이한 결정문은 기사로 쓰기에 여간 힘든 게 아니었다. 헌정 침해의 추악한 과거를 청산하게 할 역사적 문건임에도, 민주주의의 소중함을 새삼 깨닫게 할 수 있는 경구 하나 인용할 수 없었다.

위법은 아니라도 편법이 있었던 셈인데, 정치권이든 시민단체든 급하게 빨리 해치우려고 서두르는 모습이었다. 그 당시에도 했던 생각이지만, 정석대로 헌정 침해 사범에 대해 시효적용을 달리 하는 개헌안을 마련해 국민투표로 갔으면 어땠을까. 결과가 어떨지를 떠나, 투표를 앞두고 여기저기서 토론하는 그 과정에서 과거 역사가 재정리되고, 광주의 명예가 살고, 민주주의가 재교육되지 않았을까. 너무 이상적인 건가. 역사는 가정하지 말라고 했다.

민주주의란 결과보다 절차가 중요하다고 했는데, 이 말이 문민정부 이후에도 또 다른 논리로 경시돼 온 건 아닐까. 쉽게 빨리 가고자 한 결과가, 지금 와서 보면 할 건 다 했는데 한 게 없는 것 같고, 그렇다고 새로 할 것도 없게 돼버린 상태에서 영화는 그 역사를 다시 고발하고 분노한다. 지금 충무로에선 광주의 피해자들이 전두환 전 대통령을 암살하려는 이야기가 영화화되고 있다.

— 〈화려한 휴가〉,《한겨레》 2007년 7월 27일자

대화, 가상 인물… 형식 변화로 재미를

앞에서도 말했듯, 칼럼의 생명은 '독특한 자기만의 관점'이다. 하지만 다른 데서 맛을 주는 칼럼들도 충분히 있다. 관점은 평범하지만 사례가 아주 재미있고 기발하면 그것도 훌륭한 칼럼이 된다. 사안에 따라선 뚜렷한 관점을 제시하지 않은 채, 한 발짝 물러서서 관조하면서 에세이의 맛을 살릴 수도 있다.

8년 가까이 칼럼을 연재하면서, 나름 여러 가지 시도를 해봤다. 관점 다른 두 명이 서로 언쟁하는 형식도 써봤고, '인사동 주민 ㅇ씨'를 주인공으로 내세워 써보기도 했다.

안국역 근처에 사는 ㅇ씨의 산책 코스는 이렇다. 안국역-감사원-삼청공원-말바위 쉼터-와룡공원-감사원-안국역. 좀 빨리 걸으면 한 시간 남짓 걸린다. 차가 많지 않아 한적하고 무엇보다 삼청공원부터 와룡공원까지는 산길이다. [……] ㅇ씨는 삼청공원 - 말바위 쉼터 - 와룡공원 - 감사원 코스를 한 바퀴 더 돌며 팻말 수를 세어봤다. 2km 조금 넘는 구간에 금언 팻말이 23개 있었다.

ㅇ씨는 23개의 금언을 곰곰이 살펴봤다. 금언집에서 옮겨온 것 같았고, 금언의 화자나 출처는 동서고금을 아우르고 있었지만 역설이나 유머, 신랄함이 담긴 건 드물었다. 대다수가 성실, 근면을 강조하는 무난한 글귀, '공자 말씀'이었다. 자주 나오는 단어를 꼽아보니 노력, 만족, 성공, 행복 순이었다. 아무리 그래도 머리 식히려고, 기분 전환하려고 공원에, 산에 온 사람에게 노력하라는 말을 굳이……. 어떤 건 너무 '공자 말씀'이어서, 그 말을 했

다고 적혀 있는 이름의 주인이 이 팻말을 보면 기분이 좋지만은 않을 것 같았다. "멀리 내다보는 안목이 없으면 큰일을 이루기 어렵다. -안중근 의사"

ㅇ씨는 지하철 승강장에, 공공 화장실에 빠짐없이 붙어 있는 금언들을 떠올렸다. [……] 말이라는 게, 아무리 좋은 말이라도 전후 맥락이 있는 건데, 뭘 갖다 걸려면 그 공간의 맥락을 고려하는 성의를 보이면 안 될까. 삼청공원, 말바위 쉼터 같은 곳이라면 거기 얽힌 역사, 인물, 일화가 적지 않을 텐데. 그러고 보니 이런 팻말도 있었다. "어떤 일에도 항상 최선의 길, 최선의 힘을 다해야 한다. -대학"

— 〈금언공화국〉, 《한겨레》 2010년 3월 5일자

그렇게 쓴 칼럼 중 〈금언공화국〉이, 〈은희경의 문장배달〉이라는 프로그램에 뽑혀 애니메이션 화면에 낭송이 입혀진 동영상으로 제작되기도 했다. 그렇게 기분 좋은 일도 있었지만, 마음에 안 드는 글을 어쩔 수 없이 보내놓고 며칠 동안 찜찜해 하고……. 여하튼 칼럼 쓰기는 여전히 어렵다.

그런데 칼럼 쓰기를 어렵게 하는 게 또 하나 있다. 정부가 형편없게 일을 해버리면, 누가 봐도 명백하게 잘못된 일을 하면, 그걸 비판하는 칼럼도 재미없어진다. 세련된 논리도, 유머도, 아이러니도 다 사라지고 만다. 그런 일이 자주 생긴다. 정부가 후지면, 글도 문화도 다 후져진다. 정부를 비판하는 쪽까지도. 그럴 수밖에 없다. 참 기분 나쁜 아이러니다.

나는 설교문을 어떻게 쓰는가

설교에 대한 하나의 생각
목사 김진호

설교할 일은 많은데 좋은 설교 쓰기는 어렵다

기독교 출판물에서 스테디셀러 중 하나는 설교집이다. 전국의 거의 모든 목사들에게 설교가 가장 큰 부담거리인 탓이다. 대개의 담임목사들은 주일 예배를 절대로 남에게 양도하지 않는다. 담임목사의 철칙에 가깝다. 수요일 예배와 금요일 예배, 매일 새벽의 예배, 1년에 두 차례씩 교인들의 집을 방문하는 심방 예배가 있으며 그 외에 결혼식, 장례식 등 이런저런 예배가 한 해를 가득 채운다.

개신교에서 설교는 모든 예배의 하이라이트이니 빠뜨릴 수 없지만, 그 많은 예배를 일일이 준비하는 건 불가능에 가깝다. 주일 예배 외에 다른 예배의 설교는 부목사나 전도사 등과 분담하더라도 설교 수가 너무 많다. 게다가 교회 행정, 교인 관리, 교회 간 정치 등 목사에게 부여된 일은 생각보다 과중하다. 이런 일로 시달리다보면 아무 생각도 들지 않는다. 설교를 하려 해도 무엇을 해야 할지 난감해지는 것이다. 그래서 많은 목사들은 원고 없이 설교를 하며, 그 중 적지 않은 설교는 거의 즉석설교라고 해도 과언이 아닐 만큼 순발력에만 의존한다.

그렇다고 설교를 전혀 준비하지 않을 수는 없다. 많은 목사들이 남의 설교집을 참조해야 하는 이유다. 여러 권의 설교집을 펴놓고, 여기서 아이디어를 얻어내고 저기서 예화를 빌리며, 또 다른 데서 해석을 발췌한다. 이런 것들이 조합되어 한 편의 설교가 만들어지곤 한다.

사정이 이렇다보니 대개의 설교들은 내용이 그저 그렇다. 깊이는 말할 것도 없고 귀담아 들을 만한 내용도 찾아보기 힘들다. 상투적인 말들, 안 해도 그만인 입에 발린 말들로 가득하다. 대형교회의 경우는 이른바 설교 용역을 주는 경우도 있다. 자료를 준비해주는 '알바'를 고용하는 것이다. 하지만 그런 설교에는 지식만 현란하게 나열될 뿐이지 생각의 깊이가 배어 나오지 않는다. 설교의 질은 곰곰이 생각하고 삶을 성찰하는 시간에 비례하기 때문이다. 훌륭한 설교를 하기 위해서는 거의 예외 없이 설교 횟수를 줄이고 기타 업무를 줄이는 '목회의 기술'을 발휘하는 것이 필수적이다. 물론 그런 경우에도 한 달에 네 번은 해야 한다. 더구나 내용이 좋기로 유명한 목사들의 설교는 교인들이 설교 노트를 만들고, 설교가 담긴 동영상 파일을 구해다 반복해서 듣고 보는 데다 인터넷을 통해 대중에게 공개하기까지 한다. 그러니 아무리 업무를 줄이고 설교 횟수를 줄여도 한 주 내내, 아니 일 년 내내, 시도 때도 없이 설교 생각에 정신이 스탠바이되어 있어야 하는 것이다.

이런 와중에도 탄성을 절로 불러일으키는 빛나는 설교를 하는 이들이 있다. 그들은 대단한 필력과 사고력, 아무리 지쳐도 정신의 기복을 남에게 들키지 않을 만큼 성숙한 인격의 소유자들이다.

공적으로 글을 쓴 경력이 20년이 넘었어도 그이들 정도의 지력이나 필력이 따라붙지 못하는 나에게 한 달 네 번의 설교는 불가능에 가깝다. 목사로서 교회를 전담해본 8년의 시간이 있었지만,

그때에도 보통 한 달에 세 번 정도를 했고, 네 번을 했던 경우는 손에 꼽힌다. 더구나 목회를 그만둔 지금은 한 달에 한 번꼴로 설교를 하는 셈이라, 대개의 목회자들의 경험과 정신의 수고를 대신하는 글을 쓸 자격이 내겐 없다. 다만 설교자의 한 사람으로 살아온 20년의 세월 덕에, 설교에 대한 관점도 생기고 나름의 스타일도 만들어졌으니, 설교 쓰기에 관한 나만의 이야기를 풀어놓을 수는 있을 것 같다.

'하늘뜻'은 말을 듣고 섞으며 성찰하는 과정

우선 내가 설교하고 있는 교회에 대한 얘기를 해야겠다. 내가 첫 설교를 한 1988년 이래 20여 년 동안 나의 설교관과 스타일이 형성된 토양이다. 그 중 6년은 목회 보조자로, 8년은 담임목회자로, 목사직을 사임한 뒤 11년 동안은 교인의 한 사람으로 참여하면서 고정 설교자로서 한 달에 한 번 설교를 맡아 해왔다.

이 교회에서는 '설교'라는 말 대신에 '하늘뜻 나누기'라는 명칭을 붙였다. 이것은 나름의 신학적 주장을 담고 있다. 핵심은 하늘뜻을 '나눈다'는 데에 있다.

전통적인 견해에서 '하늘뜻'은 '선포하기' 혹은 '펴기' 같은 말과 결합되어, '하늘뜻 선포하기' 또는 '하늘뜻 펴기'여야 한다. 여기서 '선포하다', '펴다'라는 말이 시사하듯 '하늘뜻'이 사람들에게 전달되는 경로는 일방적이고, 하향적이다. 이때 선포자가 설교의 중심에 있음은 물론이다. 청중은 수동적으로 듣는 자다. 그들에게 부여된 자율권은 그 선포된 것을 받아들이느냐 아니냐에 한정된다. 일방적, 하향적, 수직적인 하느님의 말은 절대불변의 것이다. 그 말의 뜻은 이미 결정된 채로 사람들에게 설교자를 통해 전해진다. 사람들은 그것을 받아들일지 거절할지 선택해야 한다.

전통적인 설교학에서 선포의 주체는 하느님이고, 선포자, 곧 설교자는 하느님의 말을 대언하는 자다. '설교자는 설교하는 순간 하느님의 말을 하는 것이다.'라는 명제가 성립되는 것이다. 이는 서양의 종교개혁기부터 정립된 관점으로, 설교자는 설교의 순간 신을 대리한다.

반면 '나누기'와 결합된 '하늘뜻'은 사뭇 다른 방식으로 사람과 엮인다. '나눔', 곧 수평적인 방식으로 신과 사람이 뜻으로 얽히는 것이다. 그 뜻은 미리 결정된 의미가 단지 선포되는 게 아니라, 나눔으로써 완성된다. 사람과 사람, 신과 사람의 나눔, 곧 대화의 과정에서 '하늘뜻'이 만들어진다는 것이다. 이러한 신학은 설교와 대화나눔으로 구성되는 이 교회만의 독특한 설교 방식을 만들어냈다. 설교자의 설교가 끝나면 곧바로 '대화나눔'으로 예배가 이어져 '하늘뜻 나누기'가 완성되는 것이다.

이것은 오랜 실험을 거치면서 수많은 시행착오 끝에 형성된 관행이다. 모두들 설교를 두고 바로 대화나눔을 하는 게 익숙하지 않았다. 그래서 예배를 마치고 토론을 하거나, 애초부터 집단 설교를 하면서 토론을 하거나, 혹은 토론 주제를 놓고 난상 토론을 하는 등 이런저런 시도를 했다. 그러다 발견된 것이 '수다 떨기'였다. 주제를 두고 대화를 하는 게 아니라, 설교 속에서 발견된 '소재'를 놓고 말꼬리를 이어가며 얘기를 나누는 것이다. 주제는 있기도 하고 없기도 한데, 설교자가 던진 주제를 중심으로 이야기를 나누기도 하고 설교에서 떠오른 말을 소재 삼아 자기 얘기를 하기도 한다. 형식과 내용에 대한 제약을 최소화하니 얘깃거리가 다양해졌다. 사람들은 그 시간 동안 설교자의 말을 듣고 다른 이가 하는 말을 들으며 곰곰이 생각하고 자기 말을 한다. 물론 이야기를 독점하려는 이가 생기기도 했다. 그래서 하늘뜻 나누기 전담 사회자가 생겼다. 예배 전체의 사회자와는 별도로 말이다. 그이의 역할은 특정인이 이야기를 독점하지 않도록 하고, 대화가 끊기면 말이 나오도록 독려하는 것이다. 그러다 사회자의 의욕이 얘기를 너무 딱딱하게 끌고 간다는 불만이 제기되어 전담 사회자를 폐지하고 다시 사회자 없는 하늘뜻 나누기를 하기로 했다. 이렇게 이런저런 시도들이 있는 건 생각보다 대화나눔이 쉽지 않기 때문이고, 아직 만족스럽지 않은 게 많기 때문이다.

여기서 하나 첨언하면, 이 교회의 대화나눔 속에는 갈등도 포함된다. 그것은 종종 얼굴을 붉히는 것으로 이어지며, 어떤 경우에는 설교자가 상처를 받고 더 이상 설교를 하지 않겠다고 마음먹게 되는 경우도 있다. 그런데 놀라운 것은 난감한 일이 벌어질 때 교인들 중에 그런 난감함을 중개하고 갈등 당사자들의 상처를 봉합해주는 이들이 나타난다는 것이다. 어떤 이는 상처 받은 이를 껴안아주고 보듬어주기도 한다. 설교자의 말에 혼란과 상처를 입은 이가 사적으로 설교자를 찾아와 그 마음을 고백하기도 한다. 이런 용기가 충분한 대화로 이어지면서 이해와 생각의 폭을 넓히는 기회가 되기도 했다. 이 교회의 '하늘뜻 나누기'의 대화나눔은 예배 안에서만이 아니라, 예배가 끝난 이후에도 이어진다. 그러한 과정에서 하늘뜻이 서로에게 형성되는 것이다.

이렇게 설교자의 말을 실마리 삼아 자유롭게 서로 수다떨기를 하는 과정에서 사람들 각자가 자기의 성찰에 이를 때 그것이 바로 '하늘뜻'이다. 이 교회가 말하는 설교의 신학에 의하면 말이다. '하늘뜻'은 내려오는 게 아니라 남의 말을 듣는 과정이고, 그 말에 자기의 말을 섞는 과정이며, 그러면서 자기 자신에 대해 성찰하는 과정이다. 이렇게 사람들 각자가 대화를 통해서 '뜻'을 발견해 가는 '과정'이 곧 '하늘뜻'이다.

여기서 '하늘뜻'의 '뜻'은 함석헌 선생의 용어에 영향받은 것이다. 그는 역사 현실 속에 내재된 신의 형상을 '뜻'이라고 말했다. '뜻'은 역사의 운동과 함께 존재하며, 역사 속에서 사람들이 신을 발견하는 과정, 달리 말하면 역사라는 장fields에서 사람들이 신과 대화하는 과정이다. 매 순간 역사가 달라질 때마다 뜻은 변모하며, 그 변모 속에는 신과 사람들의 만남이 다르게 구현된다. 뜻은 현실 너머에서 내려오는 고정불변의 어떤 것이 아니라, 역사 과정에서 역사에 참여하는 사람들이 함께 나누면서 만들어내는 진리인 셈이다. 그것을 함석헌 선생은 역사에 구현된 하늘의 형상으로서의 '뜻'이라고 말했던 것이다. 바로 그러한 '뜻'의 의미가 이 교회의 '하늘뜻'이라는 말 속에 들어 있다.

누구에게나 열린 설교

그런데 이렇게 설교를 일방적인 말하기가 아니라 말하고 듣기, 듣고 말하기가 교차되는 과정이라고 하면, 더 이상 설교자는 특별한 사람이어야 할 이유가 없다. 설교자가 설교하는 순간 신의 말을 대언한다거나 그 순간 신의 모상image이라거나 하는 주장이 전제되어야 할 필요도 없다.

일반적으로 설교학에서는 이런 주장을 보충하기 위해 설교자의 '소명'을 강조했다. 이때 소명은 주관적인 인식 작용이다. 원리상 부름의 주체인 신과 부름의 대상인 특정인 사이에서 일어난 내밀한 관계 맺기의 결과이기 때문이다. 여기에 설교자의 '객관적 자격'이 부여되어야 한다. 개신교에서 설교는 목사의 고유 권한이다. 예외적 상황이 아닌 한 다른 이는 설교자가 될 수 없다. 그리고 교단마다 조금씩은 달라도 목사가 되려면 신학대학원을 나와야 하고, 목사 자격시험에 합격해야 하며, 유급의 목회 경력을 일정 기간 거쳐야 하고, 마지막으로 그이를 목사로 받아들이는 교회의 '청빙'이 있어야 한다. 그런데 여기에는 논리상의 위기가 있다. 소명이라는 주관적 인식 작용과 목사가 되는 객관적 자격 조건 사이에는 어떤 필연성도 없기 때문이다. 그럼에도 후자가 전자를 대체하며, 그렇게 목사가 된 사람은 자기의 말이 설교 시에 신의 말이 된다는 신학적 주장으로 무장하며 설교를 한다.

이러한 논리 아닌 논리는 신학적 주장이라기보다는 '신학적 억지'에 가깝다.

　반면 하늘뜻의 나눔으로서의 설교론은 특화된 특정인만이 맡아 하는 설교가 아니라 누구에게나 열린 설교를 지향한다. 누구든 설교자가 될 수 있다. 하여 내가 설교자로 참여하는 교회에서는 여러 명이 돌아가며 설교를 맡는다. 그 중에는 목사도 있고 목사 아닌 이도 있으며, 종종 집단으로 하는 설교도 있다. 설교자의 자격은 모든 이들에게 열려 있지만, 공동체가 동의할 만한 이가 선임된다. 목사인지 여부가 아니라 대중이 그이의 말을 경청할 수 있는지 여부가 암묵적인 자격 조건이다.

　이 교회에는 세 명의 고정 설교자가 있으며, 그들은 담임목사, 예배위원회와 협의하여 설교 주기를 조정한다. 그리고 고정 설교자 외에 간간이 설교자로 참여하는 이가 몇 명 더 있고, 교인들이 자발적으로 기획하여 진행하는 설교도 있는데, 이 경우 대개 집단설교나 퍼포먼스의 형식으로 구성된다.

　이 교회에서 설교는 잘 분담되어 있으며, 누구도 과중한 설교의 짐을 지고 있지 않다. 내가 보기에 이것은 설교에서 대단히 중요한 사안이다. 특출한 필력과 사고력을 가진 '슈퍼휴먼'이 아니어도, 교인과 교인, 교인과 신의 대화나눔 과정을 통해 설교자로서 생각하고 연구할 기회를 가질 수 있기 때문이다.

지금, 여기의 문제에서 더 넓은 사회 역사적 맥락으로

교회와 설교신학에 대해 얘기가 길었다. 이제 설교 쓰기에 관해 본격적인 이야기를 나눠보겠다. 여기서 주지할 것은 설교란 그것이 연행performance되는 '현장의 언어'라는 점이다. 인터넷에 원고가 공개되고, 녹음이나 녹화한 설교가 불특정 다수의 대중에게 바로 공개된다고 해도 원칙적으로 설교는 설교자와 대중이 마주 본 가운데 일어나는 현장을 옮겨온 것이다. 물론 미국에서 시작된, 이른바 방송설교라는 현장 해체적 설교도 있지만, 그것은 아직까지 설교의 예외적 현상일 뿐이다.

설교 쓰기 과정에서부터 현장은 설교자에게 영향을 미친다. 일종의 '예비검열'preparatory inspection이 작동하는 것이다. 청중과 대화할 수 없는 언어를 선택하여 설교를 연행하는 이는 없다. 이때 '예비검열자'인 청중은, 그 교회가 오랫동안 제도화해온 예배와 설교신학 속에 응축되어 있다. 즉 교회가 공유하는 예배와 설교신학은 설교자가 상상하는 청중의 이미지에서 비롯되는 것이다. 특히 일반적인 교회의 관례를 따르지 않고 자기만의 경험을 녹이면서 제도를 구축해온 실험적 교회의 경우는 더욱 그러하다. 내가 설교하는 교회도, 갖가지 실험을 하면서 무수한 시행착오 끝에 나름의 관행을 정착시킨 예에 속한다. 이 관행 속에는 갖은 실험과 문제의식이 담겨 있다. 그런 과정을 통해 발전시킨 예배와 설교신학인 셈이다.

설교 쓰기에서 먼저 고려해야 하는 것은 시간과 공간이다. 각

교회의 교인들이 공유하고 있는 예배와 설교신학 속에는 시공간에 대한 공통의 감각이 함축되어 있다. 바로 현장 감각이다. 가장 간단하고 직접적인 시간의 문제는 설교 시간의 문제다. 교인들이 생각하는 적정한 시간을 고려한다. 매주 반복되는 설교를 통해 교인들이 적정 시간을 몸으로 기억하기 때문이다. 설교의 내용을 가장 효과적으로 전달하기 위한 교회 나름의 시간 감각이라 할 수 있다. 이것은 글쓰기의 분량을 결정하는 중요한 시금석이다. 내가 설교하는 교회의 경우 30분 설교와 30분 토론이 적정 시간이라는 공감대가 형성되어 있는데, 거기에 알맞은 내 글의 분량은 200자 원고지 23매 정도이다. 그만큼의 분량 속에 글이 구성되도록 생각을 배분해야 하는 것이다. 물론 설교자의 말의 속도와 스타일에 따라 분량은 달라진다.

공간적 문제로서 설교와 대화나눔이 연행되는 장소도 고려해야 한다. 나의 경우 둘러앉았을 때 각 사람의 얼굴을 바라보고 그 반응을 살필 수 있을 정도의 공간을 적절하다고 본다.

시공간에 관한 가장 복잡한 문제는 '지금'과 '여기'의 해석에 관한 것이다. 교인들이 공지하고 있는 구체적 사건에서 출발하며, 그 사건에 관한 교인들의 이해의 틀, 혹은 교인들이 익히 알고 있는 사회 일반적인 이해의 틀에서 제기할 논점을 결정한다. 그리고 그 사건을 좀 더 광역의 시공간 속에서 다시 생각해본다. 즉 '지금 여기'의 사건을 하나의 국부적 사건으로 보는 것이 아니라 보다 넓은 사회적, 역사적 맥락과 연관시켜 그 사건에 관한 종전의 생각을 더욱 깊게 발전시킨다. 교인들에게 일반적인 이해의 틀을 넘어서서 생각할 수 있는 대화의 실마리를 제기하는 것이다. '지금'과 '여기'에 대한 해석은 설교의 출발점이자 종착점이다. '지금'과 '여기'에 대한 문제의식에서 시작하고, '지금'과 '여기'에 대한 성찰에서 끝나는 것이 설교이다.

다음은 '지금 여기'에 대한 문제의식과 성찰에 관한 설교의 한 사례로, 나의 설교 중에서 퍼뜩 떠오르는 것 하나를 선택했다.

'한나라당의 독주에 제동을 건 시민의 승리.' 이번 선거 결과를 놓고 많은 이들은 이렇게 평가합니다. 저 역시, 대반전의 스펙터클을 통해 드러난 선거 결과에 고무되기는 마찬가지입니다. [……] 천안함의 정치, 과학주의의 형식을 빌려 전 세계를 향해 타전된 북한 테러리즘에 대한 폭로의 정치가 뜻밖에도 한국의 시민사회를 설득하는 데 실패했다는 것입니다. 선거 때마다 등장했던 이른바 '북풍'은 무력했습니다. 많은 전문가들의 해석에 의하면, 정부가 주도한 천안함의 과학주의적 내러티브가 신냉전주의로 귀결되는 것에 시민사회가 주저한 것이라고 합니다.

2010년 5월 13일에 발생했던 천안함 침몰사건과 6·2 지방선거 직후에 있었던 설교의 한 부분이다(〈욕망의 습격〉, 2010년 6월 13일). 이 설교의 출발점이 된 '지금 여기'는 천안함 사건에도 불구하고 북풍이 부는 대신 정부, 여당에게 지방선거의 치명적인 실패를 안겨준 성숙한 시민정신에 많은 이들이 고무되어 있던 당시의 상황

인식과 관련이 있다. 그런 사정은 교인들도 크게 다르지 않았다. 이러한 상황 인식이라는 시공간적 좌표가 바로 이 설교의 출발점인 것이다.

> 시민사회는 선거를 통해 MB정부의 토건주의적 행보에 제동을 건 것이 아니라, 신냉전주의적 정치의 호전성이 담고 있는 정치적 불안에 대해 반대를 한 건지도 모릅니다. 혹은 정부의 일방적 토건주의 정치가 오히려 더 불안을 야기하고 있다는 주장을 피력한 걸 수도 있습니다. 나 역시 MB정부의 토건주의에 대한 우려 못지않게 우리 자신의 욕망 분출의 전략에 대해 경계하지 않을 수 없습니다. 우리의 욕망을 절제하는 삶을 위해 특별한 노력을 기울이지 않는다면, MB의 토건주의를 좌초시키는 데 성공할지라도 우리는 또 다른 'MB'를 불러오게 될지도 모르기 때문입니다.

이 구절은 같은 설교의 맺음부이다. 6·2 지방선거의 결과가 '성숙한 시민정신' 덕이 아니라 '시민의 넘치는 욕망' 탓일 수 있다는 문제제기이다. 소비사회가 도래하면서 폭발적으로 분출하는 시민의 게걸스런 자산 축적의 욕망이, 그리고 그러한 삶의 전략이 과하게 고조되고 있는 시기에 천안함 사건이 발생했다. 더욱이 지구화의 광폭한 태풍이 사람들로 하여금 더욱 치열하게 욕망의 게임에 몰두하게 만들고 있던 시기였다. 정부가 담론화하던 천안함 사건에 관한 해석들은 전쟁에 대한 위기의식을 한층 고취시켰다. 이러한 위기감은 주가 하락과 부동산 경기 침체를 가져올 수 있을 뿐만 아니라 국제무역에서 좋지 않은 징후로 비춰질 수 있었다. 시민사회는 그렇게 이해했다. 즉 정부와 여당이 천안함 사건을 위기의 담론으로 해석하여 정국의 주도권을 쥐고자 했다. 시민사회는 이 위기론이 각자의 이익을 침해할 수 있다는 불만을 품었고, 결과적으로 선거에서 여당에 반대하는 경향을 보였다는 것이다.

이러한 시민사회의 반응이 시사하는 문제점은, 이 선거의 민심이 4대강 사업 같은 정부의 토건주의 정치를 반대하게 하는 동력이 되지는 않았다는 점에 있다. 교회가 지향하는 '하느님나라'의 질서에 반해 땅을 착취하고 농민과 서민의 건강한 삶을 유린하는 자본 친화적인 MB정부의 토건주의 정책이 이번 선거로 그다지 제동이 걸릴 것 같지 않다는 문제제기다. '지금 여기'를 낙관할 수 없으며 좀 더 냉철하게 사태를 보아야 할 필요가 있다는 얘기이기도 하다.

이 설교는 '지금 여기'를 어떻게 해석할 것인가에 대한 격렬한 토론을 낳았다. 선거 결과를 민주주의의 승리라고 생각했던 이들이 많았다. 그들은 자신들의 선거 행위가 이 설교에서 모욕을 당했다는 느낌을 받았던 모양이다. 반대로 다른 이들은 설교의 주장에 공감했다. 그이 중에 한 사람이 부동산에 관한 사람들의 욕망이 어떤지에 대해 자신의 기억을 풀어놓았다. 그러자 욕망에 관한 얘기가 꽃을 피웠고, 그 욕망을 어떻게 절제하는 것이 좋을지에 대해 생각을 나눴다. 거기에는 무소유를 주장하는 스님의 책 얘기도 나왔고, 동양 고전에 관한 얘기를 꺼낸 이도 있었다. 또 예수에 관한 생각을 펴는 이도 있었다.

설교자의 생각을 사람들이 지지하든 않든, 이 설교는 하나의 생각의 실마리가 되어, '지금'과 '여기'를 보다 냉철하게 분석하고 성찰하게 하는 계기가 되었다. 이 사건에 관한 사회의 일반적인 이해의 틀에서부터 교인들 각자가 품은 자기 자신의 욕망까지 되돌아보면서 이 사건에 관한 생각을 발전시킬 수 있었던 것이다.

설교의 '지금 여기'에 대한 문제의식과 성찰 사이에는 '성서 읽기'가 있다. 시공간에 대한 이해가 설교에서 특별히 고려해야 하는 첫 번째라면, 성서 읽기는 두 번째 요소다. '지금 여기'라는 시공간적 이해가 현재라면, 성서는 '과거의 텍스트'다. 현재를 이해하기 위해 과거를 동원하는 방식, 그것이 설교의 중요한 형식적 틀이다. 즉 설교는 과거를 '회상'함으로써 현재(지금 여기)를 다르게 바라보고 성찰에 이르도록 안내하는 데 목적을 둔 텍스트이다.

위의 설교로 돌아가보자. 생각의 실마리로 선택한 성서 구절은 〈창세기〉6장 2절이다. "하느님의 아들들이 사람의 딸들의 아름다움을 보고, 저마다 자기들의 마음에 드는 여자를 아내로 삼았다." 이것은 기원전 3세기에 널리 회자된 묵시적 구문의 하나인데, 다섯 개 묵시록의 묶음집인 '에녹1서'에 수록된 〈파수꾼의 책〉에서는 이 수수께끼의 실마리가 들어 있다. '하느님의 아들들'은 '타락한 천사'라고. 다시 이 설교의 한 부분을 인용해보자.

한데 그것에 제동을 걸 이가 존재하지 않습니다. 타락한 천사 아사엘은 심판을 받지만, 그 종말을 되돌리게 할 이는 부재합니다. 어느 인간도 그것을 막을 수 없습니다. 천사도 예외가 아닙니다. 아니 신조차도 불가능합니다. 신이 할 수 있는 것은 엄청난 재앙 이후 역사를 다시 시작하는 것뿐입니다. 욕망의 침입은 그 절정에 이르면 이렇게 환원 불가능한 파멸로 인간을 몰아간다는 것, 이것이 프톨레마이오스 제국 시대, 그 욕망의 질주 시대를 맞아 〈파수꾼의 책〉을 저술한 한 묵시가의 문명비평적 고언苦言입니다.

타락한 천사들이 인간에게 신의 비밀을 발설하였다. 가령, 아사엘은 야금술*을 가르쳤다. 그것은 문명을 낳았고, 그 결과 제국의 시대가 도래했다는 것이 식민지 사회에서 형성된 묵시록들의 문명 인식의 한 단면이다. 발전된 문명의 추동자인 제국의 치하에서 식민지인 팔레스타나는 적지 않은 발전을 이룩했다. 물론 그것은 '더 많은' 땅을 병합한 지주들과 그들의 하수인인 토지관리인(청지기), 그리고 몰락의 위기에 놓인 농민들과 이미 몰락하여 떠돌이가 되어버린 이들로 사회적 계층 분화를 심화시켰고, 성장의 꿈에 부푼 이들의 향락과 몰락의 나락에 떨어진 이들의 비탄이 겹쳐지는 사회를 낳았다. 바로 이런 상황에서 한 묵시가는 부풀려진 욕망, 그 욕망의 습격으로 환각에 빠진 영혼들의 파멸을 상상한다. 그것이 바로 〈창세기〉 6장 2절의 구문 속에 담긴 종말론

---

* 광석에서 금속을 골라내는 기술

적 비판인 것이다.

낯설고 불편한 진실이 다양한 생각의 틀 갖게 해

이와 같이 성서는 '지금 여기'에서의 문제의식과 성찰 사이의 긴장을 고조시키며, 그 사이를 괜한 낙관으로 메우는 대신 문명에 대한 종말의 위기의식으로 채워 넣는다. 천안함 사건이 6·2 지방선거에서 북풍으로 귀결되지 않고 오히려 정부와 여당에게 패배를 안겨준 것은, 시민정신의 발로가 아니라 소비사회를 사는 우리 모두가 탐닉하고 있는 욕망의 경제학 탓이라고, 그런데 이것은 우리 모두의 파멸을 부르고 있다고.

여기서 우리는 설교에서 고려해야 하는 세 번째 요소에 이른다. 현장의 대중에게 던지는 논점이다. 논점은 청중에게 불편한 진실 혹은 낯선 진실을 가지고 설득하려 할 때 형성되곤 한다. 물론 모든 설교가, 언제 어디서나 이래야 하는 것은 아니다. 때로 위로가 필요하고 때로 슬픔을 공감하거나 분노를 공유해야 할 때가 있다. 하지만 동시에 많은 설교는 이렇게 사람들을 낯설거나 불편하게 혹은 헷갈리게 하고 때로 반감을 불러일으켜야 한다. 그럼으로써 당연한 생각의 코드를 교란시키는 것이 필요하다. 해석은 하나의 자명한 진실에 몰입하는 것이 아니라, 다른 생각의 틀도 가능하다는 다중의 현실에 직면하게 한다.

그런 점에서 설교의 말, 글은 신학적으로 '예언'이며 문예학적으로 '비평'이다. '지금 여기'에서 벌어지고 있는 사건을 말하되,

그 사건에 대해 당연히 그렇다고 생각하는 스토리라인을 빗대면서, 그 담론에서 말하고 있지 않은 말을 찾아내고 또 말하고 있는 은폐된 소리를 들춰낸다. 그럼으로써 사람들이 생각을 발전시키고 성찰에 이르게 하는 것, 그것이 바로 예언 또는 비평으로서의 설교다.

  일반적으로 사람들은 설교를 다른 점에서 불편해 한다. 그것은 설교가 예언이고 비평이어서가 아니라, 뜬금없는 소리거나 아무 의미 없는 소리로서, 현장도 없고 진정성도 없는 메아리로만 울려 퍼지고 있기 때문이다. 또한 생각을 불러일으키기보다 생각을 지우는 말이기도 하기 때문이다. 대화 중에 "너 설교하니?"라는 말은 아무런 애정도 진실도 담기지 않은 '훈장질' 하는 말을 뜻한다. 실제로 많은 설교가 그렇다.

  일차적인 책임은 목사들에게 있겠다. 동시에 그러한 설교에 공명하는 교회와 교인에게도 책임이 있다. 이러한 나쁜 관행들에서 벗어날 수 있는 한 가지 방안이 있다. 그것은 바로 '설교가 비평인 것처럼 설교도 비평되어야 한다'는 것이다.

나는 소설을 어떻게 쓰는가

나는 상상한다. 그리고 쓴다
소설가 듀나

아이디어는 무한확장한다

지금까지 여러분은 성실하고 부지런한 전문가들이 어떻게 글을 쓰는지에 대해 읽었다. 이제 게으름쟁이 장르작가가 어떻게 빈둥거리며 작업하는지에 대해 읽어보시라.

노파심에 하는 말인데, 모든 장르작가들이 나처럼 게으르다는 착각은 하지 마시기 바란다. 나는 모든 장르작가의 대변인이 아니다. 내가 대표할 수 있는 것은 나 자신밖에 없다.

구체적인 예가 없으면 이야기가 되지 않으니 단편 하나를 고르겠다. 내가 선택한 건 2010년 《독재자》라는 단편집에 실린 〈평형추〉이다. 비교적 최근 글이라 기억나는 부분이 많고, 지금은 잠시 중단되었지만 장편 작업 중이라 나름 현재진행 중이라고 할 수 있기 때문이다. 결정적으로 내 작업 과정은 언제나 비슷비슷하다. 그래서는 안 되는데도 그렇다.

아이디어의 시작은 다음과 같다. 민규동 감독과 인터넷에서 잡담을 나누고 있었는데, 저예산으로 찍을 수 있는 SF영화의 아이디어가 나왔다. 난 별 생각 없이 이렇게 말했다. "우주 엘리베이터!"

우주 엘리베이터 또는 궤도 엘리베이터라는 것은 지구 중력을 끊고 우주로 갈 수 있는 가장 환상적인 방법이다. 정지궤도*에 위

---

* 적도 36000km 상공의 원형 궤도. 이 궤도를 따라 도는 인공위성은 주기가 지구의 자전과 일치하기 때문에 지상에서는 우주의 한곳에 정지하고 있는 것처럼 보인다.

성을 하나 놓고 양쪽으로 줄을 늘어뜨린다. 아래는 지상에 고정하고 위에는 평형추를 단다. 그럼 지구 자전의 원심력에 의해 지탱되는 어마어마하게 긴 구조물이 만들어진다. 그걸 붙들고 거미처럼 궤도로 올라가는 것이다. SF계에서는 아서 C. 클라크의 《낙원의 샘》과 찰스 셰필드의 《별 사이의 가교》에서 처음 등장했지만 그 이전부터 이에 대한 사고실험과 실제 실험은 꾸준히 있어 왔고 지금도 진행되고 있다. 유튜브를 뒤지면 네모난 상자 같은 기계가 줄을 타고 느릿느릿 올라가는 걸 보면서 사람들이 박수치는 장면을 담은 클립을 찾을 수 있다. 그들은 우주 엘리베이터의 미래를 준비하는 사람들이다.

멋진 아이디어지만 영화 소재로는 장점이 별로 없다. 우주 엘리베이터는 거대하다. 만약 완성된다면 가장 간소한 형태라고 해도 인류 역사상 최대의 건축물이 될 것이다. 하지만 정작 화면에 보이는 것은 초라하기 짝이 없다. 기껏해야 몇 센티미터 너비의 리본에 엘리베이터가 하나 매달려 달달달달 올라가는 모습을 상상하라. 게다가 이게 얼마나 느린지 아는가? 시속 200km로 올라가도 정지궤도까지 일주일이 걸린다. 나는 이런 이야기를 들을 때마다 엘리베이터 안에 갇혀 먹지도 마시지도 못한 채 우두커니 서서 천장 스피커에서 무한반복되는 〈피서지에서 생긴 일〉 주제곡을 멍하니 듣는 사람들을 상상한다. 이러니까 이 소재로 만들어지는 영화가 드문 거다. 모양도 별로고 액션에도 별 쓸모가 없다.

하지만 난 저예산 영화일 경우, 이게 오히려 장점이라고 생각했다. (내가 생각하는 방식이 늘 이렇다. 쓸모없을수록 쓸모 있어 보이는 것이다.) 굳이 특수효과를 써서 무언가를 보여줄 필요는 없다. 그런 건 장엄한 비전의 배경으로 깔아 착시를 유발하고, 그 설정과 관련된 액션을 지상에서 보여주는 거다. 막판에 우주 엘리베이터를 보여준다고 해도 비용은 특별히 세지 않을 것이다. 아까도 말했지만 그건 그냥 줄에 매달린 엘리베이터에 불과하니까.

고백하지만, 이건 순진한 생각이다. 특수효과로 돈이 나가지 않더라도 다른 곳에서 나갈 수밖에 없다. 일단 우주 엘리베이터를 서울에 세울 수는 없는 노릇이다. 어떻게든 적도 근처로 가야 하는데, 그렇다면 해외 로케이션은 필수다. 그리고 아무리 지상에 머문다고 해도 미래 묘사는 필수. 이런 식으로 하다보면 일은 계속 커질 거다.

생각의 설계

그래도 상상하는 건 재미있는 일이니 이런 소재로 이야기가 어디까지 갈 수 있나 놀아보기로 했다. 일단 내가 그 전에 만들어둔 아주 짧은 분량의 단편 아이디어가 하나 있었는데, 그걸 바탕으로 삼고 민 감독과 이메일을 주고받으며 줄거리를 만들었다. 우주 엘리베이터를 만드는 회사의 신입사원이 회사의 비밀에 말려든다는 이야기였다. 윤리적 고민에 빠져 고민하던 그는 회사 고위층의 여자와 엮이게 되는데, 그 여자는 알고 보니…… 그러니까 내가 상상한 건 SF 배경의 고풍스러운 필름누아르였다.

그러고는 한참 동안 아무것도 안 하고 놀았다.

몇 개월인지, 몇 주인지, 하여간 한참 지난 뒤에 출판사에서 연락이 왔다. '독재자' 테마로 단편집을 만들 생각이니 참가해달란다. 흐릿한 머리를 굴리려 노력하며 독재자 소재로 지금 놀리고 있는 이야기가 뭐가 있나 생각해보았다. 암만 생각해도 없다. 그러다가 우주 엘리베이터 생각이 났다. 독재자가 굳이 국가의 독재자일 필요는 없다. 회사의 독재자일 수도 있고 상징적인 존재일 수도 있다. 우주 엘리베이터 이야기를 팔아 푼돈을 챙길 수 있다면 독재자 이야기를 끼워 넣는 거야 일도 아니다. 아니, 그럴 필요도 없다. 다시 검토해보니 이 이야기에는 '독재자'라고 부를 수 있는 인물이 최소한 두 명 나온다.

하기로 했다.

그리고 또 마감 2주 전까지 놀았다.

게으른 글쟁이들이 흔히 하는 거짓말이 있는데, 이런 식으로 노는 것도 사실 일하는 것이라는 말이다. 겉으로 보기엔 노는 것처럼 보여도 머리를 굴리면서 아이디어를 검토하고 새 아이디어를 찾고 무의식에서 뭔가를 끄집어내고…… 하긴 그럴 수도 있겠지. 근데 그렇다면 왜 그걸 컴퓨터 앞에서 하지 않지? 그것들이 진짜 글이 될 수 있는지는 일단 써봐야 아는 건데 말이다. 그래야 어디가 걸리고 어디가 문제인지 알지.

하여간 그동안 내가 굴렸던 생각은 다음과 같다.

가장 큰 비중을 차지했던 건 엘리베이터의 설계였다. 내가 생각한 건 적도 근방에 있는 인도네시아의 섬에 세워진 몇 킬로미터 높이의 에펠탑 모양 건축물과 그 끝에 매달린 엘리베이터였다. 이 디자인은 과학적이라기보다는 편의적이었다. 아서 C. 클라크는 거대한 산 위에 엘리베이터를 세운다고 상상했다. 하지만 요새 우주 엘리베이터를 설계하는 사람들은 굳이 그럴 필요는 없을 것이라고 생각한다. 바다 위에 플랫폼을 띄우는 형태를 상상하는 사람들도 있고, 심지어 리본(테더, 케이블, 기타 등등 원하는 것을 고르시라.)이 굳이 땅에 닿을 필요는 없다고 생각하는 사람들도 있다. 하지만 내 이야기의 성격상 지상에서 잘 보이는 거대한 건축물은 꼭 필요하다. 그런 건축물에 치올코프스키* 타워라고 이름을 붙인다면 얼마나 있어 보이겠는가. (가공의 영화에서는 추가 제작비를 잡아먹겠지만. 아, 어쩔 수 없는 일.)

탑의 당위성과 함께 엘리베이터의 구조도 생각해야 했다. 엘리베이터를 끌어올리기 위해서는 두 가지가 필요하다. 엘리베이터에 동력을 전달해야 하고, 그걸 이용해 타고 올라가는 장치가 필요하다. 아직도 상상도가 여기저기 떠도는 리니어모터**를 사용한 거대한 튜브 모양의 우주 엘리베이터가 이상적이겠지만 처음부터 그런 걸 만들 미친 사람들은 없을 것이다. 고백하지만 단편이

---

* 폴란드계 러시아인 로켓 과학자. 러시아 우주 계획의 선구자이며 궤도 엘리베이터의 아이디어를 최초로 낸 사람이다.
** 재래식 모터와 달리 회전이 아닌 직선으로 움직이도록 전기를 사용하는 동력원.

완결될 때까지 나는 아직 무엇을 택해야 할 것인지 결정을 못 했다. 그래도 스토리 전개상 레이저로 동력을 공급한다는 아이디어는 선택하지 않았다. 끝까지 굴리고 있었던 건 극도로 얇고 가는 리니어모터를 리본(혹은 케이블 혹은 테더) 안에 내장한다는 것이었는데, 내가 생각해도 여전히 너무 나가는 것 같았다. 결국 나는 탑이 에너지 전달과 유지에 중요한 역할을 하는 무언가려니, 하고 대충 넘어갔다. 그러면서 엘리베이터를 움직이는 정체불명의 모터에 '아오키 모터'라고 이름을 붙였는데, 이렇게 하면 이 이름을 '아오키 요시오'에서 따온 것이라는 걸 알아차린 심심한 사람들이 그의 몇몇 아이디어를 바탕으로 빈칸을 채울 수 있지 않을까, 하는 헛된 희망에서였다.

다음에는 섬을 상상해야 했다. 인도네시아에 있는 가공의 섬 이름이 파투산**이라니. 너무 안이했다는 건 나도 안다. 하지만 유혹은 피하기 쉽지 않았다! 생각해보라. 파투산은 인도네시아나 인도네시아 부근 적도 지역에 있다. 지구상에서 우주 엘리베이터를 세우기 가장 좋은 곳이다. 한국을 기반으로 한 다국적 기업이 거대한 공사를 하기에도 이상적이다. 실제로 존재하는 섬이라면 다루기 어렵고, 완전히 가공의 섬이라면 공허해지지만, 파투산은 딱 그 중간 지점에 있다. 존재하지는 않지만 여전히 그 근방에서

---

* 일본 니혼 대학 공학부 교수. '일본우주엘리베이터협회' 부회장이다.
** 조지프 콘래드의 소설 《로드 짐》에 등장하는 가상의 지명.

가장 유명한 지명 중 하나인 것이다. 게다가 그곳에는 쌍둥이 산이 있는데, 나는 그 산 양쪽에 발을 하나씩 디딘 탑을 상상하는 걸 멈출 수가 없었다. 파투산 '섬'의 탄생이었다.

와, 근데 지금까지 한 이야기들, 굉장히 부지런해 보이지 않는가? 미안하지만 착시 현상이다. 이 글의 앞부분에서 나는 이야기를 효율적으로 풀기 위해 정상적인 취사선택을 했다. 하지만 내가 놀면서 빈둥거리지 않았다는 걸 증명하기 위해 늘어놓은 저 이야기들은 내가 그동안 머릿속으로 굴렸던 이야기의 거의 전부이다. 굴리면서 조금 발전하긴 했겠지만, 이런 건 날 잡아 몇 분 동안 컴퓨터에 받아쓰면 끝나는 작업이다. 고로 나를 따라 하지 마시라.

세계 창조는 일단 절반만?

드디어 글을 쓸 때가 왔다. 물론 자리에 앉는다고 곧장 글이 나오는 게 아니다. 일단 엉덩이를 의자에 붙이는 연습을 하며 기본적인 준비를 해야 한다. 지금까지 놀면서 하지 않았냐고? 아니, 그건 준비 작업의 준비 작업도 안 된다니까 그러네!

우선 배경이 되는 미래 세계를 상상해야 한다. 난 특별히 유토피아나 디스토피아에 빠지지 않도록 신경을 썼다. 유토피아는 소망 성취 판타지의 남발로 밍밍해지기 쉽고, 디스토피아는 현재의 불평불만에 얽매여 상상력이 막힌다. 난 그냥 나쁜 것이건, 좋은 것이건, 모든 것들이 조금씩 과장된 미래를 상상했다.

미래 세계나 가공의 우주를 그리는 경우 꼼꼼하게 설정집부터 만드는 사람들이 있는데, 나는 그렇게 하지 않는다. 내 경우는 이야기를 만들기 전에 배경 세계를 절반 정도 만들고, 글을 쓰는 동안 사전 조사한 자료와 설정을 4분의 1 정도만 반영하는 편이다.

취향이지만 그래도 그에 대한 논리는 서 있다. 이야기를 쓰는 것 자체가 세계를 만드는 과정의 일부인데, 왜 그 재미를 시작부터 날려야 하지? 게다가 설정집에 집착하다보면 거기에 감금되기 쉽다. 자기가 만든 세계가 얼마나 멋있는지 설명하다가 본론에 들어가기도 전에 지쳐버리는 것이다. 게다가 설정을 몽땅 반영하다보면 글이 이상해진다. 여러분은 미래의 화자가 이야기하는 글을 읽고 있다. 그런데 왜 그 화자가 과거의 독자들에게 그들 시대의 기술과 사회를 설명해야 하나? 어차피 독자들은 지금 자기가 사는 세상에 대해서도 잘 모른다. 미래의 세계라면 더 모르는 게 당연하다! 그러니 적당히 모른 채 놔두자.

아우트라인을 먼저 만들고 작업을 하는 사람들이 있는데, 나는 거기 해당되지 않는다. 시도를 해보긴 했지만 성공한 적은 없다. 하긴 '세계를 절반만 만들고……' 운운에서 이미 다들 눈치챘겠지만. 일단 쓰면서 세계와 이야기를 만들다보면 새로운 것들이 발견되기 마련이고 그것들을 이야기에 적용해야 하는데, 언제까지나 아우트라인만을 따를 수는 없다. 결국 나는 무식하게 첫 문장부터 하나씩 이야기를 쌓아 올리는 쪽을 택한다. 심지어 추리물의 형식을 취하는 경우도 마찬가지다. 많은 경우, 나는 시작할 때 사건의 진상을 모른다.

　드디어 이야기를 시작할 때가 되었다. 나는 즉석으로 화자를 한 명 만들었다. 그는 국적 불명, 나이 불명의 남성으로 일인칭 관찰자와 전지적 작가 사이를 오간다. 나는 어렸을 때 그레이엄 그린의 《제3의 사나이》에서 이 기법을 처음 접한 뒤로 종종 써먹는다. 하긴 일인칭 화자가 자기가 직접 보고 들은 것만 기록한다면 그것도 어색하지 않겠는가? 어차피 그런다고 해도 그건 이야기 흐름과 시들어가는 기억 사이에서 적당히 윤색된 버전일 텐데 말이다. 관련된 인물들을 알고 정보를 종합할 위치에 있다면 자기가 가진 정보를 총동원하는 것이 오히려 정상적이다.

　나는 그를 동성애자로 설정했다. 왜 듀나 글에는 동성애자가 이렇게 많냐는 이야기를 듣는데, 그게 무슨 말인가 싶다. 어차피 내가 모든 캐릭터들을 동성애자로 만들어 한국어 픽션의 세계에 던진다고 해도 현실 세계 동성애자의 비율을 따라잡지는 못할 것이다. 그리고 그들이 드문드문 만날 수 있는 이웃들은 십중팔구 아이돌 그룹 팬픽의 주인공들일 거다. 그렇다면 내가 몇 명 더 만들면 어때. 다른 사람들이 안 만드는 것이 더 이상한 거지. 하여간 내가 그를 동성애자로 설정한 건 그가 주인공에게 어떤 성적 욕구도 느끼지 않는 것에 의미를 부여하기 위해서였다. 이성애자라면 그런 건 처음부터 무의미할 테니까 말이다.

　사실 내가 쓰는 이야기에서 주인공의 성적지향성은 전혀 중요하지 않다. 심지어 섹스나 로맨스도 중요하지 않다. 나는 이런 소재로 글을 쓰는 것이 갑갑하다. 원래 성격이 급한 터라 이야기를 쓰더라도 성큼성큼 앞으로 나가는 걸 선호하는 편인데, 섹스나 로맨스를 다루면 갑자기 속도가 떨어진다. 로맨스는 그나마 버티겠는데, 섹스에 대해 쓸 때는 모든 것이 슬로모션이 되고, 보통 때는 시선도 주지 않을 자잘한 형용사와 동사들을 끄집어내야 한다. 미칠 일이다. 내 이야기에서 이런 것들이 억지로라도 등장한다면, 그건 순전히 주인공들에게 최소한의 동기를 제공해주고 인물 관계에 모양을 잡아줄 필요가 있기 때문이다.

로맨스와 섹스에 대해 쓰는 것을 귀찮아하는 것과는 별도로, 나는 여성 캐릭터로부터 이런 요소를 제거하는 것에 쾌락을 느낀다. 나는 소설이나 영화에서 누군가와 연애를 하지 않는 여성 캐릭터를 보면 기분이 좋다. 이런 경우는 정말로 드물지 않은가. 생각해보니, 〈청춘불패〉 1시즌을 좋아했던 것도 어느 정도는 그 때문이었다. 한 무리의 여자애들이 모여서 뭔가 열심히 하는데, 그게 연애가 아니다! 나는 대부분의 소설이나 드라마에서 여성들이 의무방어로 뛰는 연애 이야기는 족쇄에 불과하며, 시청자나 독자들도 이미 진력이 나 있는 상태일 거라 믿는다.

많은 독자들이 중요하게 생각하는 캐릭터 만들기는 나에게는 건너뛰어도 되는 작업이다. 어차피 내 이야기에서 캐릭터가 주가 되는 경우는 거의 없다. 이 이야기에서도 주인공들은 우주 엘리베이터와 기억 이식이라는 주제를 다루기 위한 도구적인 존재들이다. 물론 서로를 구별할 만한 최소한의 개성은 필요하다. 하지만 내 생각에 그것은 이름이나 유니폼 이상의 의미는 없는 것 같다. 그렇다고 이들이 완전히 평면적이거나 무개성적인 인물이라는 것은 아니다. 글 쓰는 사람의 취향과 편의성이 개입될 수밖에 없으니 다른 사람들이 만든 허구의 인물들과 구별되는 무언가가 생기는 것이다. 내 글을 꾸준히 읽어온 사람들의 말에 따르면 여자들은 쌀쌀맞고 남자들은 징징거린다고 한다. 그럴싸하게 들리긴 하는데, 아마 그것보다는 복잡할 것이다. 여자들도 징징거릴 때가 있겠지.

시작 그리고 이름 짓기의 끔찍함

자, 이제 진짜로 쓰자. 일단 첫 문장을 찾는 것이 중요하다. 보통 그것만으로도 하루 이상을 잡아먹는다. 그것이 꼭 "나를 이쉬마엘이라 부르라."*처럼 명문일 필요는 없다. 그냥 이야기를 풀어갈 수 있는 시작점이면 된다. 나는 화자가 주인공의 수염 자국을 눈치채는 부분으로 시작했다. 그건 주인공의 성격을 보여주고, 그가 속해 있는 사회의 성격을 보여주며 결정적으로…… 나의 개인적 강박증의 표현이다. 난 사람들의 체모에 극도로 민감하다. 남자들이 반바지를 입고 다니는 여름이 오면 면도기를 들고 다니며 다리털을 밀어주고 싶어 미치겠다. 내가 〈몽크〉에서 믿을 수 없

---

* 허먼 멜빌의 소설 《모비 딕》의 첫 문장.

는 것도 에이드리언 몽크가 자신의 체모에 무관심하다는 것이다. 어떻게 온갖 강박증의 총집합이라는 사람이 그럴 수가 있지?

다음은 이름을 만든다. 나는 이 작업을 끔찍해 하는 편이다. 일단 한국 이름들은 기억하기 힘들다. 의심나면 최근에 본 한국영화의 주인공 이름이 무엇인지 떠올려보라. 결코 쉽지 않을 것이다. 구별을 위한 도구로 이름을 써야 하는데, 그 도구가 제대로 기능을 못하는 것이다. 외국 이름의 경우, 그것이 정말 자연스러운 이름인지 확인하는 것도 중요하다. 이름에도 유행이 있고 지역 취향이 있다. 회사나 다른 기관, 단체의 이름을 짓는 것도 생각보다 어렵다. 고로 나는 될 수 있는 한 이름 쓰기를 제한한다. 만들더라도 거의 쓰지 않는다. 지금까지 책으로 나온 내 이야기들 중 가장 긴 건 《용의 이》라는 이름의 장편인데, 그 이야기에는 이름을 가진 인물이 하나도 나오지 않는다. 단 한 명만이 별명으로 불릴 뿐이다. 《대리전》장편 버전에서는 (왜들 중편이라고 하는지 모르겠다. 프랑스에서라면 이 정도 길이는 그냥 장편 취급 받는다.) 후반에 가서야 주인공들의 이름이 모두 소개되는데, 그렇다고 인물 구별에 문제가 있는 것도 아니다.

〈평형추〉에서는 그게 불가능했다. 그래서 억지로 이름을 만들어야 했는데, 난 좀 쉽게 가기로 했다. 섬에 파투산이라는 이름을 붙일 때처럼 훔치는 것이다. 일단 나는 우주 엘리베이터를 세우는 다국적 기업을 LK라고 불렀다. 기억하시는 분들이 계실지 모르겠는데, 이 이름은 문정혁, 한가인, 오지호 주연의 MBC 미니

시리즈 〈신입사원〉에 나오는 회사 이름이다. 회사의 이름을 훔치자 갑자기 세 주인공의 외모 레퍼런스가 생겼고, 나는 이름 짓는 데에도 이를 이용하기로 결정했다. 여자주인공 이름 김재인은 한가인의 〈나쁜 남자〉 캐릭터 이름에서 가져왔다(그 캐릭터의 진짜 이름은 문재인이었다!). 남자주인공 이름 최강우는 문정혁의 미니시리즈 〈최강칠우〉의 제목을 줄인 것이다. 그는 나중에 한예슬 스캔들로 악명이 높은 KBS 미니시리즈 〈스파이 명월〉에서 강우라는 이름의 캐릭터를 연기했는데, 이는 우연의 일치이다.

쓰기 또 쓰기, 막힐 때까지

자, 이제는 진짜로, 진짜로 쓴다! 마감 시간이 가까워오자, '아, 일을 해야 하는데, 아래한글 아이콘 클릭하기가 진짜로 싫다!'의 핑계는 더 이상 먹히지 않는다. 엉덩이는 살짝 무거워졌고, 일단 아이콘을 클릭해 불러들이면 클릭하기 전에 걱정했던 것만큼 일이 힘들지는 않다. 배경을 설명하고 미스터리를 푸는 초반부는 비교적 쉽게 넘어간다.

그러다 막혀버린다.

이럴 거라고 예상은 했다. 여기서부터는 새로 쓴 이야기에 옛날에 반쯤 쓴 이야기를 이식하는 과정이기 때문이다. 충돌은 당연하다. 이럴 경우엔 쓰기 전에 미리 사전 준비를 하며 대비를 해야 하는데, 그걸 못 했다. 빈둥빈둥 놀면서 "아, 일하기 싫다."를 뇌까릴 시간에 컴퓨터 앞에 붙어 있었다면 이런 일도 없었겠지!

전에 썼던 미완성 단편을 다시 검토해본다. 이 단편은 내가 끝도 없이 재활용하는 기억 이식과 왜곡이라는 주제와 관련 있다. 그리고 지독할 정도로 노골적인 기독교 상징으로 도배되어 있다. 이건 고치려고 하는 나쁜 습관 중 하나인데, 내 평판 때문인지 많이 언급되지는 않더라. 하여간 그 이야기는 기업의 이익을 위해 섬의 원주민들을 무자비하게 학살한 재벌의 기억을 물려받은 주인공이 희생자들의 가족들에게 그의 죄를 대신 고백하며 살해당하는 것으로 끝난다. 물론 이렇게 이야기를 끝낼 수는 없다. 주인공은 어떤 핑계를 대더라도 우주 엘리베이터를 타고 우주로 가야 하기 때문이다. 그렇다면 클라이맥스를 개조해서 우주 엘리베이터 이야기에 통합하는 과정이 필요한데, 이게 만만치가 않다.

그래도 멈출 수는 없다. 벌써 마감이 코앞이기 때문이다. 난 그래도 마감일은 지키는 편인데, 이번엔 안 되겠다. 일단 사정해서 며칠을 번다. 단행본이라 여유가 좀 있어서 덜 미안하다. 작업 시간을 늘린다. 그게 쉽지 않다. 나는 전업작가가 아니다. 주중엔 거의 매일 있는 시사회에 가서 영화를 보고 리뷰도 쓰고 칼럼도 쓰고 여기서 굳이 언급할 필요 없는 다른 일도 해야 한다. 그렇다. 난 그렇게까지 게으른 게 아니었다! 괜히 죄책감을 느낄 필요는 없다! 그러나 죄책감을 느끼건, 느끼지 않건, 시간은 간다. 방법이 없다. 수면 시간을 줄인다. 그러다보니 사이클이 엉망이 되어 아침엔 곤죽이 된다. 카페인의 힘을 빌릴까 잠시 생각해보지만 곧 포기한다. 커피의 도움을 받으면 작업량은 늘지만 질은 끔

찍하다. 목동 교보 일리에서 아메리카노를 마시며 썼던 몇몇 글은 내 생애 최악의 글이었다. 난 어른들의 커피 사랑을 이해하지 못한다. 평생 그럴 것이다.

퇴고의 몇 가지 유의점

결국 끝이 난다. 몇몇 베타리더들에게 원고를 돌리고 퇴고 작업에 들어간다. 이야기의 모순점이 있나 살피고, 불필요한 부사와 접속사들을 잘라낸다.(그래도 여전히 너무 많다.) 자기 복제와 표절의 위험이 있는 부분을 검토한다. 젊은 여자 친척에게 눈길을 주는 늙은 재벌 이야기를 또 써도 되는 건가? 큰 문제는 아닌 것 같아서 넘긴다. 걱정되는 것은 우주복을 입은 주인공이 우주로 가서 가상현실의 유령들을 만난다는 이야기가 〈메모리스〉의 첫 번째 에피소드인 〈그녀의 기억〉과 비슷하다는 것이다. 하지만 〈그녀의 기억〉도 이미 윌리엄 깁슨의 《뉴로맨서》와 같은 유명한 선례들이 있고 내용은 완전히 다르다. 결국 이것도 넘긴다.

베타리더들의 의견은 완성된 최종본이 지나치게 성급하고 빠르다는 것이다. 아마 내 작업 과정이 반영되었을 것이다. 하지만 난 이것이 그렇게 나쁜 것 같지 않다. 원래 나는 속사포처럼 빠른 속도로 이야기하는 글을 좋아한다. 요점만 말하는 이야기 속에 정보가 무심하지만 빽빽하게 압축되어 있는 스타일 말이다. 일인칭 화자가 드러나 있는 경우는 더욱 그렇다. 그런 경우는 속도가 빠른 게 정상이다. 그리고 이런 식으로 질주하다보면 살짝 취한

효과를 낼 수도 있다. 일종의 러너즈 하이랄까.

이메일로 원고를 보낸다. 〈평형추〉를 실은 책이 나온다. 민 감독과 나는 이를 장편으로 만들 수 있다고 생각한다. 아마 그렇게 오래 걸리지도 않을 것이다. 아직 쓰지 않은 소스들은 많고 이미 시놉시스도 나와 있지 않은가. 다음 책을 내고 곧장 작업하면 반년 안에 책을 한 권 낼 수 있지 않을까? 그럴 것 같다.

그리고 작업은 계속된다

…… 물론 계획은 실현되지 않는다.

강화복을 입은 다국적 용병이 인도네시아의 해안 마을을 기습하는 1장은 쉽게 풀렸다. 하지만 3장을 쓴 뒤로 작업이 막혀버린다. 일단 흐름을 이을 수가 없다. 결정적으로 내가 이 세계를 온전히 이해하고 있는지에 대한 자신이 없다. 이런 건 공부만으로 해결할 수 없다. 얼마 전에 영화화된 데이비드 미첼의 〈클라우드 아틀라스〉를 보라. 그는 일본에서 오래 살았고 한국에 대해서도 꽤 공부를 했던 것 같다. 하지만 그가 그린 미래의 서울과 부산을 보라. 실수투성이다! 일단 주인공 이름이 손미가 뭔가. 손미가.

그러는 동안 다른 작업들이 들어온다. 지금 내가 맡고 있는 것은 근 미래의 한국을 무대로 한 옴니버스 단편집이다. 가볍게 할 수 있을 것 같아 그냥 하기로 했다. 첫 단편은 이미 발표되었다. 두 번째 단편부터는 림보 상태에 빠져버렸다. 그러는 동안 씨네21북스에서 글을 써달라는 요청이 들어왔고 두 번째 단편을 써야 할 아까운 시간을 쪼개 지금 이 글을 쓰고 있다. 이 와중에 새로 들어온 또 다른 작업도 하고 있으니, 나는 지금 미완성의 작업물들이 마트료시카처럼 겹쳐져 있는 함정에 빠져 있는 셈이다. 악!

그래도 어떻게 풀어가긴 할 것이다. 지금까지 계속 그래왔으니까. 보라. 벌써 이 글도 끝이 나지 않았나.

나는 어떻게 쓰는가
ⓒ 김선정 외 2013

초판 1쇄 발행 2013년 3월 21일
초판 2쇄 발행 2017년 9월 12일

지은이 김선정, 김영진, 김중미, 김진호, 듀나, 반이정, 성귀수, 손수진, 안수찬, 유희경, 임범, 정인진, 최훈

펴낸이 이상훈
편집인 김수영
책임편집 김남희
마케팅 조재성 천용호 한성진 정영은 박신영
경영지원 정혜진 장혜정 이송이

펴낸곳 한겨레출판(주)
등록 2006년 1월 4일 제313-2006-00003호
주소 121-750 서울시 마포구 공덕동 116-25 한겨레신문사 4층

전화 02)6383-1602 **팩스** 02)6373-6790
대표메일 book@hanibook.co.kr
ISBN 978-89-8431-684-3 03800

책값은 뒤표지에 있습니다.
파본은 구입하신 서점에서 바꿔드립니다.